跨文化交际视角下英语翻译研究与实践探索

邢丹丹　贺海萍　著

北方文艺出版社
·哈尔滨·

图书在版编目（CIP）数据

跨文化交际视角下英语翻译研究与实践探索 / 邢丹丹，贺海萍著. -- 哈尔滨：北方文艺出版社，2024.9.
ISBN 978-7-5317-6430-4
Ⅰ．H315.9
中国国家版本馆CIP数据核字第2024EG8593号

跨文化交际视角下英语翻译研究与实践探索
KUAWENHUA JIAOJI SHIJIAOXIA YINGYU FANYI YANJIU YU SHIJIAN TANSUO

作　　者 / 邢丹丹　贺海萍	
责任编辑 / 邢　也	封面设计 / 琥珀视觉
出版发行 / 北方文艺出版社	邮　编 / 150008
发行电话 / （0451）86825533	经　销 / 新华书店
地　　址 / 哈尔滨市南岗区宣庆小区1号楼	网　址 / www.bfwy.com
印　　刷 / 河北昌联印刷有限公司	开　本 / 710mm×1000mm　1/16
字　　数 / 200千字	印　张 / 13
版　　次 / 2024年9月第1版	印　次 / 2024年9月第1次印刷
书　　号 / ISBN 978-7-5317-6430-4	定　价 / 85.00元

前　言

随着科技的进步与经济的发展，不同国家、不同种族、不同民族的人能够频繁地接触和交往，全球化已成为世界发展的必然趋势，跨文化交际与文化交流已成为时代的一个突出特征。但不同国家地域有着不同的历史背景、文化内涵、思维方式、价值取向、行为规范、社会习俗等，在言语沟通、行为举止、交际习惯、生活习俗等方面有很大差异，给跨文化交际造成了极大的障碍，所以跨文化交际的研究与实践探索就显得尤为重要。

本书首先介绍了文化交融与跨文化交际，其次讲到了英语翻译的基本知识、中西方思维方式对跨文化交流的影响、跨文化交际与英汉翻译、英汉翻译的前提——英汉语言的对比、跨文化交际中的英语翻译，最后研究了语言交际所涉因素、语篇属性与翻译评估以及跨文化交际能力的培养与英语思维构建。本书可供英语翻译领域的研究人员学习、参考。

本书在编写过程中借鉴了一些专家学者的研究成果和资料，在此特向他们表示感谢。由于编写时间仓促，编写水平有限，不足之处在所难免，恳请专家和广大读者提出宝贵意见，予以批评指正，以便改进。

目 录

第一章　文化交融与跨文化交际 ·· 1
　　第一节　文化的内涵与文化的特点 ·· 1
　　第二节　文化与跨文化交际 ·· 7
　　第三节　英汉文化的对比和差异 ·· 11

第二章　英语翻译的基本知识 ·· 22
　　第一节　英语翻译的概念与分类 ·· 22
　　第二节　英语翻译的标准与方法 ·· 23
　　第三节　英语翻译的准备与过程 ·· 26
　　第四节　翻译技巧 ·· 28
　　第五节　英汉翻译中的文化对比概述 ·· 53

第三章　中西方思维方式对跨文化交际的影响 ·························· 68
　　第一节　中西方思维方式的差异 ·· 68
　　第二节　思维方式差异对跨文化交际的影响 ···························· 76

第四章　跨文化交际与英汉翻译 ·· 81
　　第一节　文化差异对翻译的影响 ·· 81
　　第二节　文化翻译的原则与策略 ·· 84
　　第三节　英汉翻译的基本技巧 ·· 87

第五章　英汉翻译的前提——英汉语言对比 ···························· 101
　　第一节　英汉词汇对比 ·· 101

第二节　英汉句法对比 …………………………………………………… 109
　　第三节　英汉语篇对比 …………………………………………………… 119

第六章　跨文化交际中的英语翻译 ……………………………………………… 129
　　第一节　文化差异对翻译的影响 ………………………………………… 129
　　第二节　修辞和习语的文化翻译 ………………………………………… 139
　　第三节　英语国家文化习俗的翻译 ……………………………………… 156

第七章　言语交际所涉因素、语篇属性与翻译评估 …………………………… 166
　　第一节　概述 ……………………………………………………………… 166
　　第二节　言语交际所涉因素分析 ………………………………………… 166
　　第三节　语篇属性 ………………………………………………………… 170
　　第四节　交际因素与语篇属性 …………………………………………… 173
　　第五节　对翻译与翻译评估的影响 ……………………………………… 174

第八章　跨文化交际能力的培养与英语思维构建 ……………………………… 182
　　第一节　跨文化交际与思维构建 ………………………………………… 182
　　第二节　跨文化交际能力的培养途径 …………………………………… 187

参考文献 ……………………………………………………………………………… 200

第一章 文化交融与跨文化交际

第一节 文化的内涵与文化的特点

一、文化的含义

文化（culture）这个词源自拉丁文，本来指的是耕作、培育、栽培，后来逐渐变成了人的素质及能力的培养和教化。近代，日本人最先把 culture 一词翻译为"文化"。由此，有的人猜想，"文化"一词，是借用了日语中对英语单词 culture 的意译。但是，这种说法目前还没有被证实。文化是"艺术或其他人类共同的智慧结晶"这个观点在《牛津简明英语词典》中有所呈现。

《美国传统词典》提出："人类的文化是经过社会传导的一种行为方式、艺术、信仰、风俗、人类的工作及思想的各种产物的整体。"这个定义使文化包含的范围更加宽泛，其中包括深层次文化和浅层次文化，如风俗习惯、传统文化、行为规范等。除此之外，英国的人类学家爱德华·泰勒在《原始文化》中也提出："文化属于复杂的综合体，包括艺术知识、宗教神话、法律条例、风俗习惯等，还有在社会活动中人类所得到的一切能力和习惯。"很多学者都觉得，这个定义没有注重文化在物质方面的要素。但是还有一些人认为，虽然泰勒的定义中未专门表现物质文化，但事实上他在《原始文化》中运用了大量物质文化的例子，他通过这些例子对他的理论观点进行阐释。美国学者阿尔弗雷德·路易斯·克鲁伯与克莱德·克拉克洪两人一起写了《文化：关于概念和定义的评述》一书。在这本书中，他们总结了很多文化的定义，一共有 164 条。之后他们又在此基础上提出了自己对文化的定义：在各种内隐和外显的模式中都存在着文化，能够借助符号之间的运用使其得到学习和传播，从而形成人类群体间的特殊成就，如制造的各种具体式样的物品。传统的思想观念和思想价值是文化最基本的要素，其中最为重要的是价值。人类生活的各个方面在这个定义中也有所体现。人们在面对一些其他事物时的态度和行为方面能够得到文化的指导，以至于克莱德·克拉克洪认为人们的行为蓝图就是文化。

"文化"一词最早出现在中国古代的甲骨文中。那时，"文"的本来意思是花纹或纹理，如在《礼记·乐记》中记载的"五色成文而不乱"。但是随着社会的发展，之后"文"的意思渐渐变成了包括语言文字在内的各种象征性的符号，并由此逐渐走向了具象化，如文物典籍、礼乐制度、文采装饰、人文修养等。"化"的原本意思是生成和造化，如《周易·系辞下》中记载的"男女构精，万物化生"。"化"表示的变化和教化之意是后来引申而来的。战国末期的《易·贲卦·彖传》最早出现了"文"和"化"这两个字，文中记载："观乎天文，以察时变；观乎人文，以化成天下。"将其翻译为现代汉语就是："治理国家的人应该能够积极地观察、洞见并且能够顺应大自然最本质的运行规律，从而了解并准确地使用时节运转变化中产生的必然原理，研究人性的发展变化中存在的一定规律，通过增加对意识的教化作用统治和管理天下。""文化"在《辞源》中的解释是"文治和教化"。刘向作为西汉的经学家、目录学家以及文学家，他在《说苑·指武》中指出："圣人之治天下也，先文德而后武力。凡武之兴，为不服也，文化不改，然后加诛。"他的意思是，一个明君治理天下，都会首先考虑思想和精神层面的教育，之后才会考虑武力干涉。对不想臣服于自己的地方，都使用武力进行干预；对那些思想教化没有改观的地方，就要通过实行诛杀政策彻底地根除统治隐患。还有，晋代的束广微在其编写的《补亡诗·由仪》中写道："文化内辑，武功外悠。"唐代的李善注认为："言以文化辑和于内，用武德加于外远也。"在《现代汉语词典》中文化就是指"人类在社会历史发展过程中创造的物质财富和精神财富的总和。"

广义上的文化说的就是"大文化"，对人类活动的划分以及自然界的核心本质是其主要的侧重面，人类有意识的活动与作用在自然界和人类社会中的一切活动及这些活动所引发的结果也包含在其中。文化也就是"人造自然",是通过发挥人类本身的主观能动性,然后将自己的智慧、创造性和感情等人类因素作用于自然界。因此,文化可以被当作人类生活的一种特有习惯和特有的行为方式。也可以这样认为,本质上,人类在社会中的一切活动都具有文化的属性。总体来说,文化就是人类通过在社会中的活动认识和了解自然、改造并利用自然,从而实现人类的自身价值以及一切物质观念和精神观念的积累,如文学艺术、生活方式、风俗习惯、工艺建筑、卫生管理、婚姻形式、亲属关系、家庭财产分割、娱乐、劳动生产关系、道德法律、宗教政治、警察部队、行为举止、交际礼仪、思维方式、审美情趣、价值观念、教育科学等方面。而与之相对应的,狭义的文化范围明显很小,它指的是在人类活动中对精神方面的创造以及与之作用产生的相应成果,如道德、风俗以及礼仪等方面。

二、文化的特点

总体来说,文化主要有五个特征:民族性、符号性、兼容性、整合性和传承性。

(一)民族性

从文化的产生和文化的存在来看,文化自始至终都是民族的。从总体上来看,人类的文化是由各民族的文化共同组成的,所以从各民族的角度出发去分析人类文化,其自然就具有了民族性的特点。民族作为一种社会的共同体,社会越古老,文化中具有的民族性特征就会越明显。斯大林说,一个民族,一定要拥有共同的地域、共同的经济生活、共同的语言及共同的心理素质。不论哪一个民族都有可以代表本民族特色的文化,如蒙古族善骑马、摔跤等。中华民族是以汉族为主的多民族的共同体,共同的文化使56个民族拥有中华民族的共同特征。众所周知,各民族间的区域生态环境的不同造成了各民族文化积累及传播方式的不同,在一定程度上,这种不同影响了社会和经济的发展,民族文化也形成了鲜明的"特异性"。

（二）符号性

文化并非是与生俱来的，它是人们在不断地学习和经验积累中传授下来的。以语言为例，文化的组成要素之一就是语言，而最为明显的则是语言的符号性特征。语言中存在的不同的语音要素和形态要素都体现了符号的任意性，就如汉语中的"猫"，英文是 cat，法语是 chat，德语则是 katze。人自身就是一种"符号的动物"，符号化思维和符号化行为是人类生活中最具有代表性的特征。

人类不仅创造了一个文化世界，还为自己创造了"符号的宇宙"。在文化的创造过程中，人类把对外界的认知、对事物和现象的意义及价值的理解转变成一定的可具体感知的形式或行为方式，进而使其产生一定的象征意义，形成一种文化符号，成为人们社会生活中必须要遵从的习俗和法则。人类创作的文化符号大体被分为两类，分别是语言符号和非语言符号。

1. 语言符号

语言符号分为口语和书面语。一代代人经过亲身实验以及口口相传（年轻的一代通过交流和学习继承前人留下的文化传统）完成文化传承中的口语传递。书面语中的文化传递，几乎世界上所有的国家或民族都选择在竹简、羊皮纸或纸张上记录，因为这些介质便于存放，能够长期保存，所以今天我们才能够借助丰富的历史文献和书籍，了解和学习自己国家以及他国丰富多彩的文化。

2. 非语言符号

非语言符号指的是除了语言之外的各种信息的传递方式，如面部表情、肢体动作等，这些都包括特定的文化内涵。从广义上看，雕塑、绘画、照片等一些物化的文化载体，还有戏剧和电影等都是非语言符号，它们都通过某种方式来体现某一种文化内涵。

（三）兼容性

不管什么文化都具有兼容性的特征，因为它是文化生存和发展的内在驱动力。根据文化兼容的程度，文化可以分成开放式文化和封闭式文化。这里所指的"开放"和"封闭"是相对的，因为文化没有完全开放的，当然也不存在完全封闭的文化。人们往往这样来描述这两种文化：开放的文化像一滴雨水，在见到浩瀚大海的时候，会忽略掉自己本身的文化个性，从而消除了文化之间存在的良性差异，然后慢慢于其他的文化之中消融；封闭的文化则像一口井中的水，因为没有跟其他的优秀文化进行交流，最终只能慢慢枯竭。文化由于兼容而得到了发展，同时因为兼容而得以繁荣。

（四）整合性

文化是一个群体行为规则的集合体，我们能够理想化地认为文化可能出现在某一个社会或群体的所有成员的行为中。而由这个群体历史所衍生出的以及对传统观念的选择，尤其是世界观和价值观等文化的核心成分，经常被称为"民族性格"或"文化实体"。由此可知，文化是在固定的区域内，在一定的文化群体下，为实现生存所需而创造出的一系列生活、行为、思想的模式，是一个复杂的、多要素组合而成的整体。文化的整合性指的就是一种文化能够实现自我完善，能够形成独特的面貌。随着时间的变迁，文化的整体性得到了保证，还在一定程度上维护了文化秩序的稳定。例如，在中国延续了几千年的传统文化中，有血缘的宗法意识形态、道家"天人合一"的世界观、把"经国济世"作为目的的实用理性等精神元素，这些都是中国文化的"内核"，在传统文化的形成过程中自始至终都发挥着"整合"的作用。与此同时，其他的各组成要素相互融合、相互补充、互相渗透，为构建中国的民族特征及民族精神发挥着重要的作用。通过整合而组成的中国文化是与欧美文化完全不同的一种独特的模式。由于各种文化有着各自不同的文化"内核"，所以这可能会使人们在认知模式、价值观念以及生活形态上具有很大的差异，而这些差异又会在交际的过程中造成文化的碰撞，这也正是跨文化交际中误会和冲突的来源。如果进行交流的双方不能互相理解对方的文化，那么就会产生与交际预期不同的巨大反差，结果便令人不甚满意。

（五）传承性

文化不仅能够学习，还可以传承。文化可以实现承担者之间的转化，也能够在几代人之间不停地传承和不断地发展。对此布瑞斯林的观点是，能够一代一代传承下去的是那些存续多年而且能够被大家公认为是社会核心观念的价值观。

文化的传承性使文化能够积累起来。在文字还没有产生的时候，人们将自己的经验、想法、文化知识以及各种观念和信仰主要通过口头的形式传递给自己的下一代。直到后来，人们通过文字的形式将这些传递下去。所有的社会文化都蕴含着历史的积淀，如每个国家都会有自己的特定节日、喜庆的日子，在这样的日子里，中国人会选择挂灯笼，而这种传统的方式就是中华民族数千年文化延续的表现。

三、中西方文化的历史渊源

（一）中国文化的历史渊源

发祥于黄河流域的中国传统文化源远流长。大自然的馈赠让人们可以在固定的居住地附近从事一些农耕活动，最终在历史的不断演进和变化之中形成了农耕文明体系。中国的农耕文明有自己独特的文化内容和文化特点，主要包含语言艺术、思想哲学、社会风俗、礼仪规范等方面。儒教、佛教、道教影响着中国文化的形成和发展，是中国文化的主要渊源。总而言之，在不断的发展过程中，中国的文化逐渐形成了一种独具特色的价值观，它的核心道德价值体系就是"仁爱、礼谦和顺从"，这种价值观的特点有以下三方面。

1. 天道与自然、自然与人为的相通和统一，顺应天意，遵从万物。中国文化提出人和自然是和谐统一的整体，而且很多在自然界中不能解释的现象也都是天意，人不管做什么事情都应该顺应天意。

2. 贵和尚中。中国人主张"君子和而不同"，认为处事原则和处事方法就是要追求中庸之道。

3. 家族伦理本位。中国人有着很强的家族意识，每一个家族都把维护整个家族的利益当作追求的目标，同时家族的制度和家规约束着家族个体。

中国人非常注重言论的力量，喜欢在交际的过程中采用含蓄而隐讳的表达方式，这体现了中国人文文化的特色。除此以外，人们还尤其注重权威人士的观点和看法，常常引经据典，旁征博引。

（二）西方文化的历史渊源

西方文化侧重科学，来源于希伯来文化和希腊罗马文化，这两种文化被称为两希文化。

1. 希伯来文化

5000多年前在阿拉伯半岛出现了一个民族——希伯来民族，那里的人们主要以牧牛和牧羊为生。之后，希伯来人北迁至两河流域，然后由此慢慢形成了苏美尔文化及古巴比伦文化。大致1000年以后，希伯来人又离开了两河流域，向北或向西迁移，文化得到再次发展。"希伯来"在书中的意思是"从大河那边来的人"。长期的游牧生活使他们渐渐拥有了比较强的感知世界的能力。他们擅长将事物及其功能相联系，把希伯来文化中的"实用、公正、道德"这个观点展现了出来。

2. 希腊罗马文化

欧洲大陆的文化起源于古希腊的罗马时期。古希腊和古罗马分别位于欧洲大陆东南部和南部，这个地区平原和河流很少，山脉却很多，根本不适合发展农业，这种自然地理环境使当地人不得不选择向外开拓经济，所以发展了工商业和海上贸易。古时候，进行海上贸易要面临的最大难题就是安全问题，从事海上贸易活动有很大的风险，然而这种不利的地理因素使西方人形成了敢于冒险、对新鲜事物充满了好奇、善于创造的性格特点。可以这样说，这种以海上贸易活动为主的生存方式使古希腊人形成了追求"平等""民主"和崇尚个人主义的思想意识。不管是古希腊的文学还是艺术哲学等，都体现了古希腊人对宇宙、对自然、对人生的理解和思考。虽然古希腊文明慢慢地衰落了，但是罗马文化却在继承古希腊文明的基础上得到了发展。

第二节　文化与跨文化交际

一、文化和交际之间的关系

文化是冻结了的交际，交际是流动着的文化。文化和交际的具体关系如下。

一是交际受制于文化，文化也影响着交际。文化行为与社会行为都是交际行为，它们跟社会文化中包含的世界观和价值观等文化核心成分有关。文化的特定规则和文化规范制约着交际行为的译码活动。交际的顺利进行得益于交际双方共同分享一套社会期望、社会规范或行为准则。

二是交际从属于文化，是文化的传扬媒介及编码系统。从社会学的角度来看，人们学习交际能力的过程就是通过交际实现社会化的过程，然后再通过交际建立内外部世界的联系。人们的活动、文化通过交际才能实现存储和传承。

三是在文化的影响下，交际丰富着文化，二者互相依赖、互相促进。此外，交际也给文化带来了新的活力，增添了新的内容。

四是在跨文化交流的过程中，文化的差异性会导致其意义变得复杂，会使信息和译码人获取的意义存在差距。

二、跨文化交际的含义

"跨文化交际"这个词对应的英语是 intercultural communication 或 cross-cultural communication，有的时候也可以用 trans-cultural communication 来表示。需要注意的是，intercultural 强调文化之间的对比，而 cross-cultural 则仅仅指交往。即前者相当于跨文化交际的研究，而后者属于一种活动。有学者认为，跨文化交际指本民族语言使用者和其他民族语言使用者之间的交流，也指在语言及文化背景方面存在差异的人们之间的交际。但是人们目前对此的普遍解释是，在不同文化背景下，人们通过语言、信号和文字方式实现思想和信息交流。它一般指具有不一样的语言文化背景的各民族成员之间的交流，也可以指同一种语言的不同民族成员之间的交流，还有人认为它是语言文化背景不同的人们之间的交流。其实，跨文化交际就是指有不同的文化背景的人的交际过程。

鉴于人们的文化背景、社会背景、行为方式、个人信仰、性别年龄、政治态度、经济状况、个人爱好、性格等方面都或多或少存在着一些不同，所以在交际的过程中，交流的两个人对同一信息的理解自然很难做到百分之百一致。由于各民族在生态环境、物质基础、社会生活等各方面的不同，所以语言习惯、社会文化、风土人情也不尽相同。因此，不同的文化背景使人们的说话方式或语言习惯各异。从这个角度来说，所有人之间的交流都是跨文化交际，产生的差异仅仅是程度之分，并非本质上的差异。在跨文化交际的过程中，进行交际的双方在文化背景上可能会略有不同，也可能会毫不沾边。这种文化之间的差异可能是国家的、民族间的，也可能是政治制度方面的，还有可能是社会阶层、地区、性别、年龄以及兴趣爱好或个人经历方面的。

三、翻译与跨文化交际

（一）翻译的跨文化交际属性

通过自身默契进行编码和解码是语言交际在不同文化中的表现方式。中西方的跨文化交际要求我们要从不同角度理解中西方社会在世界观、人生观、价值观方面的不同；中西方跨文化交际要求我们构建中西方跨文化的共识，推动中西方文化的交流与沟通，探求新的文化、新的价值标准，并将其作为中介，促使交流的双方都能接受，避免因文化不同而产生的冲突，从而使跨文化交流能够顺利进行。

由于人类社会的产生，人类的思想能够通过语言进行交流，从而出现了跨文化交际。要想使这种跨文化交际正常进行，就需要翻译。当使用两种不同语言的人相遇时，就必须通过翻译进行交际。因此为了更好地实现跨语言、跨文化之间的交流，便产生了翻译。译员与翻译活动的出现在很大程度上促进了跨文化交际活动的发展，从刚开始的各族群之间、各民族之间跨文化交际，渐渐发展成了国与国之间甚至全世界的跨文化交际活动。由此可知，跨文化交际的出现与发展在某些方面促进了翻译活动的产生，反过来翻译活动又推动着跨文化交际的发展。所以，若没有跨文化交际，也就不会产生翻译。总而言之，这两者是相辅相成、互相依存的。在某种层面上，我们可以认为，翻译就是跨文化交际，翻译的历史就是跨文化交际的历史，即使这是一种有失偏颇的说法，但也有一定的道理。

以中国为例，对于有文字记载的2000多年的翻译史来说，它不仅仅是一个历史记录，更是我国各民族和我国与其他国家跨文化交际的过程。各种文化间的交流与传播、各类思想间的碰撞与发展，都不可能离开语言。翻译在本质上是在一定的社会语境下发生的交际过程，是一项超越语言和文化的交流活动。翻译主要侧重于两种语言，是用最近似、最等值的形式把一种语言转变为另一种语言的人类社会的实践活动，是一种结合了语言文字、知识和文化修养的综合性艺术，这同时体现了它的跨语言性。所以，翻译作为一种语言的社会实践活动，不仅有跨文化性，还有交际性，是一门艺术，更是一门科学。现在，文化研究成为全世界的一个热门话题，从文化的角度，尤其是从跨文化的视角来研究翻译俨然成为一种潮流。在翻译的过程中，文化因素的作用越来越受重视。

近 20 年来，主要有两种翻译的研究倾向：一种是翻译的理论中融入了交际的理论，另一种是从侧重翻译语言的转换渐渐转到了对文化传递的关注上。将这两种翻译的倾向进行结合，就是把翻译看成一种跨文化的交际行为。

（二）跨文化交际和翻译的研究及实践

吕俊认为翻译的实质是传播，它本质上就是一种跨文化的信息交流与交换活动。随着跨文化交际学的出现，有些学者认为，翻译就是一种跨语言和文化的交际活动。翻译工作者不仅要掌握基础的语言知识和相应的一些语言功能，还要确保做到深入、灵活而有效地传达原文思想，还必须对源语及目的语所属文化有所了解。译者要想使翻译的文章达到"最近似的自然等值"，就必须要具有一定的跨文化交际能力，或者译者能够完成相似的文化功能。在面对社会上存在的一些现象时，不同的民族文化对它的认识和解读存在很大的差异，而且这种差异是跨文化交际顺利进行的主要障碍。

实现跨文化交际的前提是交际双方要对自己本民族的语言、文化十分熟悉，还要对对方的语言、文化有充分的了解。只有如此，交际才可能顺利进行。实际上，跨文化交际的最大障碍是文化差异。所以，为了实现跨文化交际的目的，翻译工作者就要尽量淡化自己固有的文化属性。

作为一种跨文化的交际活动，翻译的主要目的是实现不同语言文化内涵之间的转换。翻译工作者对不同语言及不同语言文化内涵的细微差别的表达掌握情况决定了译文是否忠实于原文。

跨文化交际学为更好地从跨文化角度来审视特定的文本所处的语言环境和特有的语言特征提供了科学的方法。跨文化交际的理论和研究方法为文本、语篇的产生和传递，对文化氛围的客观认识，对信息整体特征的接受和具体个性的了解提供了理论基础；为实现翻译文本的精确性、获得语篇"符码"中的文化信息、确定适度性的翻译标准、运用翻译技巧中的测量性、保障翻译的合理性和优质性、增强传播效果提供了定性或定量的依据。

由国内的一些研究成果可以知道，有些学者主要在思维方式、价值取向、道德规范、社会习俗、社会交往和生活方式等方面对西方人进行关注，而且从这些方面开始对中西方语言文化进行对比研究。一些学者从语言的功能，文字的音、形、义以及文化效应的角度，对英语和汉语进行了更深层次的对比。一些学者从社会的交际、日常的活动及语言的表达方式等角度对英汉语言的运用进行了对比。还有学者从翻译学的角度研究在英汉语言的互译中怎样恰当地使用译入语准确地表达源语的语义以及研究包含的文化，侧重于探讨翻译的方法和翻译的技巧。总体来说，这些学者的观点和看法使跨文化交际学理论得到了丰富和发展。

第三节　英汉文化的对比和差异

一、英汉文化对比研究的具体阶段

西汉时期，丝绸之路开辟之初就有了英汉文化的交流，但是我国真正意义上的英汉文化的对比研究是在鸦片战争打开中国国门以后，西方国家的侵略引发了国人对不同民族文化的思考。同时，政治、经济的变革推动和促进了英汉文化的对比研究。我国左飚认为，英汉文化对比研究可以具体分成下面的几个阶段，如表1-1所示。

表1-1 英汉文化对比研究的具体阶段

阶段	起止时间	阶段特征
第一阶段	1840—1919年（鸦片运动到五四运动）	以"洋务派"与"维新派"的论争为主要特点
第二阶段	1919—1949年（五四运动到中华人民共和国成立）	以"全盘西化"与"中国本位"、单一文化与多元文化的论争为主流
第三阶段	1949—1976年（中华人民共和国成立到"文化大革命"结束）	这一阶段的英汉文化对比研究处于沉寂期
第四阶段	1976年至今（"文化大革命"结束至今）	英汉文化对比研究再度升温，并逐步体系化

事实上，对英汉文化的对比研究还可以做以下划分，如表1-2所示。

表1-2 英汉文化对比研究阶段

阶段	时期	特点
第一个阶段	20世纪70年代末	开始解冻期
第二个阶段	20世纪80年代	文化名人引领潮流期
第三个阶段	20世纪90年代	团队意识及学科意识增强期
第四个阶段	21世纪初	百花初绽期

二、英汉文化对比研究的范畴

事实上，英汉文化对比研究以语言对比研究为基础，它在很多层面上和英汉语言的对比研究具有相通性，在此基础上，一门独立的新学科——英汉对比文化学逐步建立了起来。从研究的范围看来，英汉文化的对比研究主要包含几方面，如表1-3所示。

表1-3 英汉文化对比研究的大体范畴

理论研究主要侧重方面	应用研究主要侧重方面
1. 有关文化的概念问题 2. 有关文化的属性问题 3. 有关文化的结构问题 4. 有关语言与文化间关系的问题等	1. 外语教学 2. 对外汉语教学 3. 英汉翻译服务 4. 提升人们的文化交际能力（如口头、书面表达等） 5. 提高人们的文化素养等

三、英汉文化对比研究的方法

在对比研究英汉文化时，一般采用历时研究法和共时研究法。这两种研究方法都应用广泛，但在具体研究时，我们应该依据实际情况进行选择，或者在需要时将这两种方法相结合。例如，在对文化进行对比研究的高级阶段，可以开设一些课程（文化史、文学史或语言学史等），采用历时研究法。要特别注意的是，英汉文化的对比研究是从点延伸到面，然后再逐步到整个系统，也就是由点到面一步步实现系统化。

四、英汉文化带来的心态差异

（一）英语文化环境中"求变"的心态

英语文化环境中，人们追求的是"求变"的心态。实际上，使用英语的西方国家多尊崇个人主义。他们认为，事物是不断变化的，这种变化指的是打破常规、不断创新的精神。对于获得的成就，他们不满足，也不止步。他们在意的是如何变化和改善，怎样进步与发展。他们认为，有变化才会有进步，只有创新才会有成就，只有发展才会有未来。西方人"求变"主要表现为喜欢走前人未走之路，不断挑战自己的极限。在西方国家历史中，处处都存在人们突破传统束缚、标新立异的成功之举。"求变"的背后充满着危险，但是西方人却把其看作富于创造性的破坏，标志着创造的开始。正是由于这种思想，西方社会有创新的氛围。除此之外，西方人在选择职业、追求事业、求学和选择居住地域等方面也表现出"求变"的心态。

（二）汉语文化环境中"求稳"的心态

汉语文化环境中，人们普遍是"求稳"心态。中国人一直深受儒家思想的影响，其中的中庸思想使中国人一直寻求祥和的景象，习惯于追求稳定，认为应该"以不变应万变"。

中国人一直有"求稳"的观念，中国社会不断发展进步也是基于这种"求稳"的观念，大到国家，小到家庭，中国人都希望能够稳定和谐。我们可以用"合久必分、分久必合"来概括中国的历史，"分"是表象，"合"是永恒。正是由于中国几千年来一直都在"稳定"中求生存、求发展、求进步，所以中华民族的传统文化得到了延续，并被完整地保存了下来。

五、英汉思维模式的差异

在历史的漫漫长河中，人类对客观现实的认识渐渐地具体化，形成了经验和习惯，之后由于语言的辅助形成了思想。在思想的形成过程中，人们赋予它一定的模式，于是形成了特定的思维模式。思维模式是文化的一部分，在文化和思维模式上，不同的民族有很大的区别。经过千百年的发展，各民族群体的特定语言心理倾向渐渐产生，而这种倾向通过思维模式的不同表现了出来。因而，每个民族的语言都体现着该民族的思维特征。在漫长的发展进程中，由于受到特定历史条件和生存环境（自然环境、地理条件、气候条件等）的影响，以及生活条件和经济社会制度等方面的制约，这种思维模式在中西方各民族之间存在一定的差异，而正是这种差异，各民族对相同的一件事情会产生不同的语言表达。

人们的思维模式由于受英汉文化差异的影响会存在明显的不同。下面是两种不同文化环境中的人们的思维模式较为明显的不同特点。

（一）思维路线的差异

思维路线在英汉两种语言中是不同的，这种不同的主要表现为"直线形"的英语思维和"螺旋形"的汉语思维。

1. 英语的直线形思维

说英语的人们长期使用线形连接符号和线形排列的抽象化文字符号，受这种思维模式的影响，他们逐渐形成直线形的思维模式。他们在写论文时一般会选择在开头便表明自己的观点，而且论文中所有论述都一定会围绕一个固定的中心论点展开。西方人在语言运用方面不会重复使用前面已经用过的词语或句式。他们语言运用的特点是态度明确、直奔主题。

西方人在交谈时，都喜欢直接表达自己的意思，而且说话的态度前后一致，不会用一些无关紧要的信息掩盖实际情况。

2. 汉语的螺旋形思维

受整体性思维模式的影响，汉语的思维模式以整体性思维模式为主，把一个事物看作整体，相对于形式论证，更注重领悟。在这种思维模式的指引下，人们采用散点式的方式观察事物。这时候人们的思维路线是螺旋形的，属于螺旋形思维。从行文方式来看，中国人写文章时大都使用笼统、概括的陈述开头，段落中经常会有和文章其他地方不相关的信息，作者经常委婉地表达见解或建议。

不管是说话还是写文章，中国人习惯把发散出去的思维再收回来，从而实现前后照应、首尾呼应。讲话的人通常不直切主题，而是把一个问题反复展开，最后概括，这种思维模式便属于螺旋形思维。

（二）思维方法的差异

在思维方法上，英汉两种语言也存在许多不同之处。具体表现在英语思维的"抽象性"和汉语思维的"具象性"。

1. 英语思维的"抽象性"

抽象性是人们的思维方法在英语中的表现特点，西方人抽象性思维比较发达，喜欢在研究问题的时候建立概念体系以及逻辑体系。因此，"尚思"也成了思维的一个明显特征。西方民族使用的文字是通过无意义字母的线形联结组成单词，再通过一个个单词的线形排列构成短语、句子或文章。因为字母文字缺少象形会意的作用，所以西方使用字母文字的民族很难形成形象思维。

2. 汉语思维的"具象性"

使用汉语的人们的思维模式具有具象性的特点，他们会通过联系外部世界客观存在的事物形象及在大脑中重复出现的物象进行思考，还会依据事物的外部特点展开想象，这种思维模式偏向于形象思维，在传统的文化中也多具"尚象"的特征。更确切地说，汉语中常将"虚"的概念以"实"的形式体现出来，强调虚实结合和动静结合，给人一种"明""实""显"的感觉。同时，汉语中的文字也蕴含着丰富的物象，如"舞"字，从甲骨文字形上看，这个字很像一个单脚立地翩翩起舞的舞者形象。

（三）思维模式的差异

在思维模式上，英汉两种语言的不同主要体现在英语的逻辑实证性思维与汉语的直觉经验性思维。

1. 英语的逻辑实证性思维

受西方文化的影响，西方人更加关注逻辑，追求理性知识，重视实证是其传统的思维模式。他们觉得科学、客观的结论只有经过大量实验证明才能分析、检验出来。换言之，在英语文化的影响下，人们会存在一种定式的理性思维,这种思维存在很强的理性、实证以及思辨色彩,尤其强调逻辑方面的推理和形式上的分析。

西方人强调逻辑思维的实证性,语言层面的"形合"是其体现。也就是说,西方人更喜欢使用有形的手段让句子达到语法形式上的完整,而要想达到完整就必须严格运用逻辑形式,使它的所指对象更清楚,使句子间的层次衔接紧密、结构细致严谨,呈现出句法功能的外显性。

2. 汉语的直觉经验性思维

中国人在认识世界时是不善于抽象表达的,更不会过多寻求深逻辑性的认识,他们更加注重对表象的展现和自我的经验总结。连淑能曾说:"中国的传统思维侧重于实践方面的经验,强调整体思考,所以借助于直觉感悟,也就是从整体上通过知觉模糊而直接地掌握认知对象的内在本质和内在规律。"英语比较关注"形合",而汉语则更关注"意合"。意思就是,汉语主要受到意念的控制和引导,句子比较随意,在逻辑性上不太严谨,但具有一定的关联性,而且在句法上还具有多变且隐性的特点,需要受众自己理解和探究。例如:

A woman who looks beautiful is not really beautiful.

看起来漂亮的女人未必真的漂亮。

对原文和译文进行分析后,可以看到,英文句中的 a、who 在翻译中是没有体现出来的,这就是汉语句子中的"意合"。

六、英语和汉语时空观的差异

英汉两种语言时空观的差异集中体现在英语中的"将来时间取向"和汉语中的"过去时"。

(一)时间观的差异

1. 英语中的"将来时间取向"

美国是受英语影响的移民国家,美国人注重未来,有着非常明显的"将来时间取向"。欧洲的移民是最先到达美洲大陆的人,他们不仅为美洲大陆注入了新鲜的血液,还逐步开拓了美洲大陆并有了自己独特的文化。

美国人追求个性独立，主张个人奋斗，注重对实利和物质的享受，他们认为时间是非常宝贵的，所以他们一般不会追溯过去，而是主张关注现实生活，珍惜现在，享受生活。在美国人看来，时间是有限的，因此他们有很强的时间观念，他们潜在的思想就是"Time and tide wait for no man.（时不我待）"。这种观念使美国人将更多的注意力放到了对未来事情的规划和实现上，他们一直坚信未来是美好的（The future is always bright.）。

2. 汉语中的"过去时"

汉语有着悠久而丰富的历史，在漫长岁月中，不断地积淀，传扬着自身的魅力。汉语有明显的"过去时"。例如，历朝历代的君王，若为人民造福，便流芳千古，为后世所称赞，且成为后朝明主的榜样，其中最有名的莫过于有着贤明之赞的尧、舜、禹等。所以，之后的君主经常会用这些先祖的事迹来规范自己，评判后辈，如果心有贤明，则称之为"后继有人"；如果超过先祖，则说"前所未有"；如果是一枝独秀，那就是"前无古人，后无来者"。

在漫长岁月的洗礼下，中国人民的智慧和能力受到了时间的影响，所谓环式的时间观便由此形成。这种时间观会给人一种还有很长时间的感觉，如我们常说的"失之东隅，收之桑榆"。中国人普遍认为还有时间将失去的东西找补回来，这就逐渐形成了一种"过去时间取向"。一直到今天，不管社会怎样发展，人们再怎样遗忘过去，关心未来，都不能否认心中仍然存有过去，过去或多或少地影响着现有的生活。

（二）空间观的差异

空间观是指人类在长期的生活实践和交往中所形成的约定俗成的距离感和领地意识，英语文化下的空间与汉语文化下的空间的差异在于领地意识、具体的交往距离以及空间取向。

1. 领地意识的差异

在霍尔的领地观中，领地意识本身是一个有一定规律的专业词语，是生物本身的自我意识，以及对自身领地的占有意识和保护意识。领地还分为以个人单独相处的交往空间、生存空间为范围的个人空间和以周围人包括自己共同生存的空间、活动的场地还有以各种设施为范围的公共领地。在领地意识方面，英语和汉语这两种文化的不同侧重体现在以下几个方面。

（1）不同的领地标识。英汉文化的差异也体现在领地的标识方面。中国人口众多，个人的空间较为狭小，这就导致中国人养成了用客观存在的物品明确地把领地或公共空间隔离开来的习惯。高高的围墙、马路上的栏杆等这些在中国随处可见。与之不同的是，西方国家的房子之间只有矮矮的篱笆，或一块匾额。

（2）领地占有欲不同。相对而言，英语文化下的人们有着很强的领地占有欲，他们的领地概念甚至可以延伸到对私人物品的独自占有。例如，人们在工作单位甚至公共场合，都会时刻对自己的领地范围进行明确划分和维护，即便是在家中，他人也不能随便进入自己的房间。他们也十分注意隐私，即使是和自己关系非常好的人，他们也不喜欢别人打探自己的隐私。受到聚拢型文化的影响，汉语文化下的人们更喜欢和他人一起分享，而且没有太强的隐私观念。

（3）英汉文化下的人们，对自己的领地被侵犯的反应也不尽相同。英语文化下的人们更加注重自我的领地意识，在知道被侵犯后，会表现出自己的不满，并直接阻止侵犯。在国外，客人到访，未经主人允许，是不会随便走动的。汉语文化下的人们对这种领地侵犯是比较宽容的，就像"加塞儿"这种事很多人都会比较反感，但如果"加塞儿"的人是可爱的孩子或者老年人，人们就会相对宽容。

2. 具体交往距离的差异

交往距离指的是彼此在交往过程中的不同距离，有人情距离、社会距离和公众距离。交往距离还被称为"近体距离"。

（1）英语文化下的人们对交往距离的认知。通常，英语文化下的人们长期生活在宽阔的环境中，他们很不适应拥挤，所以在交往的时候，他们就会习惯性地和人保有一定的交往距离。例如，在和人们进行交谈的时候，英国人会习惯性地保持一定的距离，看起来很绅士。

（2）汉语文化下的人们对交往距离的认识。汉语文化下的人们由于生活在人口密集的环境中，已经比较习惯于拥挤，且对大环境下的竞争合作比较适应，因此对交往中的距离要求并不高。

3. 空间取向的差异

空间取向是指在交往中的交际双方所处的空间位置以及朝向等。在空间取向中经常涉及的就是座位的安排问题。下面从就餐和会议座位安排的角度,对英汉语言所代表的东西方两种文化的不同进行具体分析。

(1)就餐时座位的安排。东西方文化中,就餐座位的安排有一些共同点。一般情况下,一家之主的位置是桌首,而家庭主妇一般坐在桌尾的位置,即离厨房较近的位置,因为这样便于端菜、盛饭等,其他的家人分别坐在桌子的两侧。在就餐座位的安排方面,这两种文化的不同之处就在于,西方的餐桌座位安排一般是以右为上、以左为下,而中国则是以朝南(或朝向房门)为上、以朝北(或背向房门)为下。

(2)重大的会议时座位的安排。在正式的场合,如商务谈判和会议等,东西方礼仪的会议座位安排基本相同,右边是上位,面向房门也是上位。在中国,人们在谈重要的事情、谈判或者宣布重大决定时,要隔着桌子面对面地坐,这样显得比较严谨,而且正式一点。在西方,人们也是如此,在比较正式的场合,也是隔桌面对面坐;在不怎么正式的场合,他们会相对亲近点,如成直角坐,交谈一下私事和感情,这一般是朋友之间;如果是夫妻、恋人或者闺密一类的密友,则会同坐一侧,表现亲密。

七、英汉文化环境中人们生活方式的差异

人们由于受到不同文化中各种因素的影响,在生活方式上有明显的不同。

(一)称谓语不同

中西方在称谓语方面,有明显的不同,以下结合具体例子进行分析。

对陌生人的称呼和对亲属的称呼,英语和汉语有很大的不同。英语对陌生人的称呼比较简单。男子统称为 Mr.,对未婚女士的称呼是 Miss,而对已婚女士的称呼是 Mrs.。汉语对陌生人的称呼就和称呼亲属时一样,但基于陌生对象的年纪、身份等的不同,对他们的称呼也不尽相同,如大爷、大娘、大叔、大婶、大哥、大姐等。

英语称谓以家庭为中心,一代人有一代人的一个称谓领域,并且只区别性别,不区别父系亲属和母系亲属称呼的不同。例如,在英语中对"祖辈,爷爷、外公、奶奶、外婆"的称呼是 grandparents, grandfather, grandmother，而对"伯伯、叔叔、舅舅，姑妈、姨妈"等的称呼是 uncle 和 aunt。除此之外，英语中表示同辈的 cousin 不分堂表、性别，而且表示晚辈的 nephew 和 niece 没有侄甥之别。相比而言，汉语亲属之间的称谓等级分明，划分得非常详细。

（二）处理恭维时的态度不同

在中西文化中，人们处理恭维时的态度有很大的不同。英语中面对他人的恭维时通常会表达感谢，一般不会推辞。例如：

A：Your speech is very good.

B：Thank you.

A：It is very exciting!

B：So it is.

但是受中国传统文化的影响，中国人常采取谦虚谨慎的态度，为人处世谦让有礼，面对他人的恭维或者夸赞时常常会推辞。例如：

甲：您的韩语学得真好。

乙：没有，没有，就是会一点点而已。

甲：您懂得真多。

乙：哪里，哪里，只是偶然看到过，还不知道对不对呢。

（三）处理私事时的态度不同

在面对私事时，英语文化环境中，人们往往会选择回避，因为个体主义思想使他们更加注重自我，以自己的利益为先，加上为了保护隐私，所以在处理私事的时候，他们会更加严谨，且直接回避。例如，人们在交谈的时候，如果涉及年龄、工资等个人隐私，贸然询问是很失礼的行为。

中国人大多喜欢聚居，这样可以体现出团结的精神，他们的集体观念较强，往往住得很近，以便于交往，在生活上也可以互帮互助。在这种文化环境的影响下，人们喜欢和他人诉说自己的开心和不悦，同时愿意去了解他人的痛苦和欢乐。特别是在我国的传统习俗中，如果长辈或上司询问晚辈或下属的年纪、婚姻、家庭状况等，不会被认为是在打探他人"隐私"，而会被认为是对他们的关心。

（四）回答问题的角度不同

英语一般会根据事实的结果用肯定或否定（yes 或 no）来回答别人提出的问题。例如：

A：You're not a teacher, are you？

B：Yes, I am./No, I am not.

但是，汉语回答问题时则习惯用肯定或否定的话来确定是"对"还是"不对"。例如：

甲：我觉得你应该不到 20 岁，是吗？

乙：是的，我还没有 20 岁。/ 不是的，我现在有 30 岁了。

（五）收到礼物时的态度不同

在西方，人们在收到客人礼物的时候，一般都会当着客人的面马上拆开，并称赞这些礼物。例如：

Thank you very much for your gift.

The present is very beautiful.

Such a beautiful gift!

在收到礼物的时候，中国人则会说一些推诿的话。例如：

不好意思，让您破费了。

哎呀，还送什么礼物啊。

真的是不好意思啦。

除此之外，在收到客人礼物的时候，中国人一般会先将礼物放在一边，等客人离开了以后再拆开。

第二章　英语翻译的基本知识

第一节　英语翻译的概念与分类

一、翻译的概念

翻译有广义与狭义之分。广义的翻译指方言与民族共同语、方言与方言、古语和现代语、语言与非语言之间的信息转换。这个概念的外延是相当宽泛的，它包括不同语言间的翻译、语言变体间的翻译和语言与其他交际符号的转换。广义的翻译主要强调基本信息的转换，不强调完全的忠实。广义的翻译也称作"符际翻译"。

狭义的翻译一般是指语际翻译，即用语言符号解释另一种语言，诸如英译汉、汉译英、法译英等不同语言之间进行的翻译。

二、翻译的分类

第一，按照工作方式，翻译可分为口译、笔译、机器翻译和机助翻译。口译又可分为连续翻译和同声传译。机器翻译是现代语言学和现代科技的结合产物，有望在某些领域取代人工翻译。

第二，根据内容题材，翻译可分为文学翻译和实用翻译。文学翻译包括诗歌、小说、戏剧、散文以及其他文学作品的翻译，着重情感内容、修辞特征以及文体风格的传达；而实用翻译包括科技资料、公文、商务或其他资料的翻译，强调实际内容的表达。

第三，根据处理方式，翻译可分为全译、摘译、缩译、节译和编译。

第四，根据所涉及的两种代码的性质，翻译可分为语内翻译、语际翻译和符际翻译。

第五，根据所涉及的语言，翻译可分为外语译成母语和母语译成外语，如英译汉、汉译英。

除了以上所列几种划分方法之外，在实际运用中还有许多具体的分类法，这里不描述。本书中所讲的翻译，主要是从狭义翻译（语际翻译）的意义上来谈的，特别是指英汉语言的翻译。

第二节 英语翻译的标准与方法

翻译的标准一直是翻译界经常讨论并十分关注的问题，也是翻译理论研究和探讨的中心课题。只有明确了解翻译标准，翻译实践中才能有章可循、有法可依，才能够客观地衡量译文水平的高低。

翻译的方法是翻译赖以实现的具体途径，是在对原文加以理解后，用译文语言表达的基本方法。方法是否得当直接影响到译文的质量。因此，翻译的方法对翻译来说是至关重要的。

一、翻译的标准

翻译的标准是指导翻译实践的准绳和衡量译文优劣的尺度。在翻译实践中，对于译者来说有一个可以遵循的准则；而对于译文的质量而言，也就有了一个衡量的尺度。关于翻译的标准，古今中外的翻译家和翻译理论家有过许多的论述。这些有一个共同点，那就是：要尽可能忠实、准确地运用恰当的译文语言形式，把原文的思想内容、风格、神韵等再现出来，尽可能使译文读者获得与原文读者同样的感受。

下面简要介绍国内外具有影响的有关翻译标准的论述。

早在唐代，我国古代佛经翻译家玄奘就提出"既须求真，又须喻俗"的翻译标准，意即"忠实、通顺"，这一翻译标准直到今天，仍有一定的指导意义。

在19世纪末，清末民初著名的翻译家严复提出了"信、达、雅"的翻

译标准,对后世影响极大。"信、达、雅"这一标准是严复在其《天演论》中论述的,主要观点如下:

译事三难:信、达、雅。求其信,已大难矣!顾信矣,不达,虽译,犹不译也,则达尚焉。……译文取明深义,故词句之间,时有所傎到附益,不斤斤于字比句次,而意义则不倍本文。

假令仿此(西文句法)为译,则恐必不可通,则删削取径,又恐意义有漏。此在译者将全文神理,融会于心,则下笔抒词,自善互备。至原文词理本深,难于共喻,则当前后引衬,以显其意。凡此经营,皆以为达,为达即所以为信也。

《易》曰:"修辞立诚。"子曰:"辞达而已。"又曰:"言之无文,行之不远。"三者乃文幸正轨,亦即为译事楷模。

故信、达而外,求其尔雅。

从以上可以看出,严复在提出信、达、雅的翻译标准时,曾对此做了一些说明。

关于信,严复认为,译文应该抓住全文要旨,对于词句可以有所颠倒增删,只要不失原意,不必斤斤计较词句的对应和顺序。

关于达,严复认为,只信而不达,译了等于没译;只有做到达,才能做到信。要做到达,译者必须首先认真通读全文,做到融会贯通,然后进行翻译。为了表达原意,可以在词句方面做必要的调整和改动。

关于雅,严复认为,译文要雅,否则没有人看。雅是指古雅,要采用汉代以前使用的文言文。

严复的信、达、雅翻译标准,不仅因其简洁凝练、层次分明而震动了当时的译界,而且流传至今已逾百年,仍为许多译者所喜爱,可见其生命力。

在20世纪30年代,鲁迅提出了信和顺的翻译标准。鲁迅在《且介亭文集》中指出,凡是翻译,必须力求易解并保存原作的风姿,实际上就是一种在直、意译完美结合中而获得的信与雅的理想状态。当然,鲁迅比较强调直译,反对归化,倡导译文应具有异国情调,就是所谓的洋气。

林语堂的三条翻译标准为忠实、通顺和美。这是在他为吴曙天编选的《翻译论》(1937年1月,光华书局出版)一书所撰写的序《论翻译》中提出来的。

林语堂的"美"的标准显然比"雅"的含义要更广一些,并且更合适一些。

二、西方较有影响的翻译标准

翻译在西方的发展不仅与社会生活息息相关,而且翻译实践与翻译理论密切相关。西方翻译理论界对翻译标准的研究也有许多很有建树的成果,对我国翻译界影响较大的主要有泰特勒(英国)、阿诺德(英国)和奈达(美国)等几位所提出的翻译标准。

(一)泰特勒的翻译标准

18世纪末,英国的翻译理论家、爱丁堡大学的历史学教授泰特勒在《翻译的原则》一书中提出著名的三原则,即译文应完整地再现原文的思想内容;译文的风格、笔调应与原文性质相同;译文应像原文一样流畅自然。

泰特勒强调的是译文与原文在思想、风格、笔调、行文等方面的一致,而非只注重原文的语言特征。他的观点也许正是现代译论中主张翻译以"信"为本的依据。

(二)阿诺德的翻译标准

在19世纪,英国诗人和批评家阿诺德也主张译者应与原文化合而为一,才能产生良好的译文。他发表了《评荷马史诗的译本》一文,这篇论文是翻译思想史上一个重要文件。

(三)奈达的翻译标准

当代西方的翻译理论家,美国的奈达主张把翻译的重点放在译文读者的反应上,应当把译文读者对译文的反应和原文读者对原文所可能产生的反应进行对比。他认为,翻译的实质就是再现信息,判断译作是否译得正确,必须以译文的服务对象为衡量标准,即必须以译文读者与原文读者对所接收的信息能否做出基本一致的反应为依据。他结合现代信息传递理论,强调译文至少要使读者能够理解,这是翻译最低的标准,因为不能令人看懂的译文,就谈不到忠实。他主张衡量译文质量的标准,不仅仅在于所译的词语能够被理解,句子合乎语法规定,而且在于整个译文使读者产生什么样的反应。要从这个角度来判断翻译的正确性,正确的译文就不止一种了。为了使各种不同水平的读者能正确理解原文内容,就要做出几种不同水平的翻译,因而在词汇和语法结构等方面,就要相应调整译文的难度和风格。因此,奈达主张译出各种不同的供选择的译文,让读者检验译文是否明白易懂,所以一个好的译者总是要考虑对同一句话或一段文章的各种不同的译法。从理论研究角度,这样的主张颇有道理,但在翻译实践中却很难办到。

奈达关于翻译标准的论述被概括为忠实原文、易于理解、形式恰当、吸引读者。他把读者因素纳入翻译标准里,是对翻译标准研究的重大贡献。

第三节 英语翻译的准备与过程

翻译是运用两种语言的复杂过程,它包括正确理解原文和准确运用另一种语言再现原文的思想内容、感情、风格。由于翻译工作的复杂性,适当的准备工作是不可缺少的。通过准备,可以使翻译顺利进行。

一、翻译的准备

翻译应该进行必要的准备,正式动手翻译之前可以做的工作很多,主要精力应放在查询相关资料,以便能对原作及其作者有大概的了解。同时,为了保证质量和节省时间,还应熟悉整个翻译过程可能使用的工具书和参考书。

(一)了解作者

对于作者,需要弄清楚他的简略生平、生活时代、政治态度、社会背景、创作意图、个人风格。比如,若要翻译一个作家的一篇小说,为了获得有关作者的一些基本信息,可以阅读作者自己的传记、回忆录,或者别人写的评传,或者研读文学史、百科全书、知识词典。还可阅读用汉语解说的相同辞书,如《中国大百科全书》《辞海》《简明不列颠百科全书》《外国名作家传》《外国人名辞典》《外国历史名人》。

(二)了解相关背景

背景知识是指与作品的创作、传播及内容有关的知识。

二、翻译的过程

翻译是一个十分繁杂的过程,其工作重点是如何准确地理解原文思想,同时又恰当地表达原文意思。换言之,翻译的过程就是译者理解原文,并把这种理解恰当地传递给读者的过程。它由三个相互关联的环节组成,即理解、表达和校改。这三个环节是相互联系、往返反复的统一流程,彼此既不能分开隔断,又不能均衡齐观。

为了讲解方便,我们把翻译过程中的理解、表达、校改三个环节分别进行简略论述。

(一)理解

1. 翻译中理解的特点

首先,翻译中的理解有着鲜明的目的性,即以忠实表达原作的意义并尽可能再现原作的形式美为目的。因此,它要求对作品的理解比一般的阅读中的理解更透彻、更细致。翻译的理解系统从宏观上看,要包括原作产生的社会、历史和文化背景;从微观上看,则要细致到词语的语音甚至词形。从某种意义上来说,以翻译为目的的理解比以其他为目的的理解所面临的困难都要多。以消遣为目的的理解显然无须去分析作品的风格,更无须每个词都认识。即使以研究为目的的理解也无须面面俱到,而只是对所关注的内容(如美学价值、史学价值、科学价值、实用价值等)的理解精度要求高一些。

第二,以翻译为目的的理解采用的思维方式不同于一般的理解。一般的理解,其思维方式大都是单语思维,读汉语作品用汉语进行思维,读英语作品就用英语进行思维。以翻译为目的的理解采用的是双语思维方式,既用源语进行思维,又用译出语进行思维,源语与译出语在译者的大脑里交替出现。

第三,以翻译为目的的理解。表达过程的思维方向遵从的是逆向—顺向模式。一般的抽象思维的方向是从概念系统到语言系统,而阅读理解中的思维则是从语言系统到概念系统,是逆向的。一般的阅读,理解语言的概念系统后,任务便完成了,而翻译则要从这个概念系统出发,建构出另一种语言系统。

2. 顺向思维过程

（1）理解应注意的方面

理解是翻译过程的第一步，是表达的前提。这是最关键，也是最容易出问题的一个环节。不能准确、透彻地理解原文，就无法谈及表达问题。理解首先要从原文的语言现象入手，其次还要涉及文化背景、逻辑关系和具体语境以及专业知识等。

（二）表达

表达是翻译的第二步，是实现由源语至译语信息转换的关键。理解是表达的基础，表达是理解的目的和结果。表达好坏取决于对源语的理解程度和译者实际运用和驾驭译语的能力。

理解准确则为表达奠定了基础，为确保译文的科学性创造了条件。但理解准确并不意味着一定能翻译出高质量的译文，这是因为翻译还有其艺术性。而翻译的艺术性则依赖于译者的译语水平、翻译方法和技巧。就译语而言，首先要做到遣词准确无误；其次还要考虑语体、修辞等因素，切忌随便乱译。

第四节　翻译技巧

英汉两种语言在选词、造句、谋篇等方面都存在很大的差别，因而进行英汉互译时不能死译、硬译，而是应掌握一定的翻译技巧，这对于提高翻译速度、提升翻译质量与水准有着不可忽视的作用。本节从词汇、句子、语篇三个层面来对翻译技巧展开讨论。

一、词汇的翻译技巧

词汇是组织句子和篇章的基本单位，可用来表达丰富的含义。因此，在进行英语词汇的翻译时，必须借助一定的翻译方法与技巧，从而准确传达词汇的真实含义。

（一）词义的选择

一词多义的现象在英汉两种语言中都普遍存在。因此，要想准确传达词汇的含义，词义的选择就成为翻译过程中必须解决的问题。概括来说，在选择词义时可从以下几个方面入手。

1. 根据词在句中的词性

由于英语具有非常严格的句法，词性成为影响词义的重要因素。因此，翻译时首先应分析句子结构，并据此判断词语的词性，然后再进行词义选择。例如，save 具有动词、名词、介词三种词性，词性不同，词义也就不同。请看下面的一组句子：

Housewives must find ways to save woolen clothes during the hot summer time.

家庭主妇必须找到方法避免毛料衣物在夏季被虫蛀蚀。

本例中，save 是动词，意为"避免"。

Proper fist aid can save a victim's life, especially if the victim is bleeding heavily.

恰当的急救可以挽救一个受害人的生命，尤其是当这个人大量失血时。

本例中，save 是动词，意为"挽救"。

"Nice save!"

"干得漂亮！"

本例中，save 是名词，这种用法多见于球赛中。

He heard no other sound save the tick of his watch.

除了手表的嘀嗒声，他听不到任何别的声音。

本例中，save 是介词，意为"除了"。

A similar timetable has been adopted in that college save that in the morning there are five periods of classes.

在那个学校一个类似的时间表被采纳了，只是早上有五节课。

本例中，save 是介词，意为"只是"。

2. 根据上下文的逻辑关系

一般来说，当没有具体的语境时，一个单词的词义常常是游移不定的。

但是，当处于特定的语境中，并且受到上下文以及毗邻词汇的制约与影响时，这个单词的含义就可以确定下来。例如：

She is the last person to come.

她是最后来的。

本例中，last 表现出其基本含义"最后"。

She should be the last(person)to blame.

再怎样也不该怪她。

本例中，last 意为"责任不在她"。

She is the last person for this job.

她最不配干这份工作。

本例中，last 意为"没有能力做好某件事"。

This is the last place where I expected to meet you.

我怎么也没料到会在这个地方见到你。

本例中，last 意为"想不到会在某个地方见到某人"。

She is the last person to consult.

根本不宜找她商量。

本例中，last 应理解为"既然她拿不出什么好主意来，也就没必要去找她商量"。

3. 根据搭配关系

当一个单词与其他不同的单词进行搭配时，其含义也常常发生变化。例如：

raise vegetables 种植蔬菜

raise the dead 使死者回生

raise fears 引起恐惧

raise an embargo 解除禁运

raise a monument 树一座丰碑

raise a fleet 集结一支舰队

raise a family 养家糊口

4. 根据不同的专业领域

有时候，同一个单词应用于不同的专业领域时，其含义也会发生变化。例如，default 一词的本义是"拖欠、未履行"。但是，当应用于法律范畴时，其含义是"被要求出席时未到席"，如 make a default（未出庭）；当应用于计算机领域时，其含义是"由操作系统自动指定并持续有效的特定值"，即"缺省"，如 default share（缺省共享）。英语中的类似例子还有很多。例如：

power
普通词义：力量
电子学：电力
机械：动力
物理：功率
体育：爆发力

element
普通词义：因素；要素
机械：零件；构件；部件
无线电：元件；器件
通讯：电码
计算机：单元；基元
数学：元；素；诸元
化学：元素；成分
气象：自然力；风雨

carrier
普通词义：运送者
医学：带菌体
机床：刀架
军事：航空母舰
计算机：媒体
航空：运输机
无线电：运载火箭

航天：载波

半导体：载流子

集成电路：载体

（二）词义的引申

英汉语言中的词汇，其含义并不总是完全对应。若直译、硬译、死译，必然使译文词不达意、晦涩难懂。此时，应采取较为灵活的手法，从其本义出发，并结合其他因素来进行适当引申，这样不仅可有效传达原文含义，还可使译文更加流畅自然。

1. 词义引申

一般来说，一个单词的含义可分为两种：原始义与引申义。原始义又称直接义，是该单词的基本含义。将原始义与具体语境有机结合在一起，可引申出许多新的意义，这些新的意义就称为引申义。可见，引申义以其原义为基础，但又略有变化与发展。例如：

These resolutions are no more pious wishes and are still-born.

这些决议只不过是一些虔诚的愿望而已，其墨迹未干就不生效了。

本例中，still-born 的本义是"出生后即死亡"，此处引申为"墨迹未干"。

The general's estimate of Hitler was cold-blooded and honest.

将军对希特勒的评价是客观的。

本例中，cold-blooded 的本义是"冷血的"，此处引申为"客观的"。

We are eager to benefit from your curiosity.

殷切希望从你们的探索精神中获益。

本例中，curiosity 的本义是"好奇心"，此处引申为"探索精神"。

2. 概念引申

从单词的基本概念入手来进行引申，可以揭示单词的本质含义，从而准确地传达原文的内涵。一般来说，概念引申包括以下两种情况。

（1）具体概念抽象化

当英语中使用某个具体的词汇来表达具有同一概念、属性或类别的事物时，在翻译的过程中可对其进行抽象化处理，以帮助读者理解原文的深层含义。例如：

They have their smiles and tears.

他们有他们的欢乐与悲哀。

本例中，smiles and tears 被引申为"欢乐与悲哀"。

During the 1970s, he was an embryo teacher, but he was very confident.

20 世纪 70 年代，他还是一个初出茅庐的外语教师，但是他却非常自信。

本例中，embryo 的本义是"胚胎"，此处被引申为"初出茅庐"。

There is a mixture of the tiger and the ape in the character of the Imperialists.

帝国主义者的性格既残暴又狡猾。

本例中，tiger 与 ape 原指两种动物，此处被引申为"既残暴又狡猾"。

（2）抽象概念具体化

在某些情况下，英语在表达具体的意义、动作时常使用较为抽象的词汇，这些抽象词汇的含义较为宽泛、笼统，不利于译语读者的理解，因而应将其译为清晰、具体的词汇。例如：

A wide variety of tools are available commercially.

在市场上可以买到种类繁多的工具。

本例中，commercially 的本义是"商业上的"，此处被引申为"买到"。

Under those conditions, all international morality or international laws become impossible.

在这种情况下，一切国际道义和国际公法都失去了作用。

本例中，impossible 的本义是"不可能的"，此处被引申为"失去了作用"。

A beautiful enough girl, but nothing upstairs.

小姑娘的确够漂亮的，但是脑子却是一张白纸。

本例中，upstairs 的本义是"在楼上""在高空"，此处被引申为"在头脑里"。

3. 逻辑引申

在表述同一意义时，英语与汉语由于内在逻辑的差异而常常采取不同的方式。因此，翻译时必须分析原文的隐含逻辑链条，将其文字背后的内容挖掘出来，这样才能最大限度地降低译语读者的理解难度，并使译文更加顺畅。例如：

Previously, if I had been really interested in a book, I would race from page to page, eager to know what came next.Now, I decided，I had to become a miser with words and stretch every sentence like a poor man spending his last dollar.

以前，我要是对一本书真感兴趣，我往往一页一页拼命往下翻，急于知道下文的内容。现在我决定对词汇要像守财奴那样不轻易放过；也要像穷人过日子，把每一个句子当作身边最后一块钱，省吃俭用，慢慢花费。

本例中，a miser with words 被引申为"不轻易放过"，stretch every sentence like a poor man spending his last dollar 被引申为"省吃俭用"。

If they could not see the Winter Palace with their own eyes, they could dream about it as if in the gloaming they saw a breath-taking masterpiece of art as they had never known before——as if above the horizon of European civilization was towering the silhouette of Asian Civilization.

如果他们不能目睹圆明园的风姿，那么他们也能在梦幻中身临其境：他们仿佛在冥冥之中见到一件令人叹为观止的艺术杰作，宛如在欧洲文明的大地上巍然展现出一幅亚洲文明的剪影。

本例中，in the gloaming 被引申为"在冥冥之中"，a breath-taking masterpiece 被引申为"令人叹为观止的艺术杰作"，...was towering 被引申为"巍然展现"。

不难发现，上述译文中补充了原文中的弦外之音，既丰富了原文的内涵，又使译文生动鲜活。

4. 形象引申

英汉语言中的某些表达方式源于各自的不同生活背景，某些词汇的形象意义也并非一一对应。因此，有些词汇对母语读者来说很容易望文生义，而对非母语读者来说则很难理解。因此，对其进行灵活的变化与引申就显得非常必要。例如：

I am only a small potato in this office.

我在这个办公室里只是个小人物。

本例中，small potato 的字面意义是"小土豆"，此处被引申为"小人物"。

See-sawing between partly good and faintly ominous, the news for the next four weeks was never distinct.

在那以后的 4 个星期内，消息时而部分有所好转，时而又有点不妙，两种情况不断地交替出现，一直没有明朗化。

本例中，see-sawing 的本义是"玩跷跷板"，此处被引申为"两种情况不断地交替出现"。

Every life has its roses and thorns.

每个人的生活都有酸甜苦辣。

本例中，roses 与 thorns 的本义分别是"玫瑰"与"荆棘"，此处被引申为"甜蜜"与"痛苦"。

通过上面的例子可以看出，经过引申后，译文的内涵更加丰富。

5. 典故引申

典故具有丰富的表现力，不仅言简意赅，还常常包含着丰富的历史文化内涵，可以说是语言中的精华。在翻译这些典故词汇时，往往需要通过引申来引导译语读者进行更深层次的理解。例如：

This summer vacation, I had a quixotic adventure on the railroad trip.

今年暑假我乘火车旅行，有一次匡扶正义、保护弱小的经历。

本例中，quixotic 一词源于西班牙小说家塞万提斯笔下的堂吉诃德（Don Quixote）这一人物。堂吉诃德以保护弱小、匡扶正义为己任，是西方文化中妇孺皆知的人物。译文只保留该词的一般意义，从而帮助译语读者理解。

有时，根据具体语境的不同，可保留同一典故的内涵而将其译为不同的表达方式。例如：

She is considered as Helen of Troy in her class.

她被认为是班里最漂亮的。

It is unfair that historians always attribute the fall of kingdoms to Helen of Troy.

历史学家总是把王国的倾覆归于红颜祸水，这是不公平的。

Mother didn't think of the nice looking car bought the day before should become a Helen of Troy in her family. Because of this her daughter and her quarreled for a long time.

母亲没有料到前一天买的那辆漂亮的小轿车竟成了祸端，她和女儿为此吵了很久。

在古希腊神话故事中，Helen 是一位绝世美女，由于对她的争夺而发生了著名的特洛伊战争。因此，英语中的 Helen of Troy 就相当于中国历史上的"褒姒"。这一典故在上面三个句子中分别被译为"最漂亮的女人""红颜祸水"和"祸端"。

（三）词性的转换

由于句子结构与表达方式的不同，英汉两种语言中的词性很难一一对应。此时，只有对词性进行适当转换，才能忠实传递原文的含义。

1. 转换为动词

同英语相比，汉语使用动词的频率更高。因此，为使译语符合读者的阅读习惯，可将英语中的其他词性（如名词、形容词、副词、介词）转换为汉语中的动词。例如：

International trade is the exchange of goods and services produced in one country for goods and services produced in another.

国际贸易就是将一个国家生产的商品和提供的服务与另一个国家生产的商品和提供的服务进行交换。（名词转换为动词）

Talking with his young neighbor, the old man was the forgiver of the young man's past wrong doings.

在和年轻的邻居谈话时，老人宽恕了年轻人过去的过失。（名词转换为动词）

It's impossible to live in a society and be independent of society.

生于社会，不能脱离社会。（形容词转换为动词）

A successful scientist must be a good observer.

一个成功的科学家一定善于观察。（形容词转换为动词）

Then, suddenly, all of the young people were up out of their seat, screaming and shouting.

突然，所有年轻人都尖叫着，呼喊着，从座位上站了起来。（副词转换为动词）

Why should we let foreign goods in when the Americans walk along the streets because they can't sell their own goods?

在美国人推销不出去自己的商品而失业的时候，我们为什么还要进口外国货呢？（副词转换为动词）

Downstairs, then, they went, Joseph very red and blushing, Rebecca very modest, and holding her green eyes downwards. She was dressed in white with bare shoulders as white as snow—the picture of youth, unprotected innocence, and humble virgin simplicity.

他们一路下楼，约瑟夫涨红了脸，丽贝卡举止端庄，一双绿眼望着地下，她穿了一件白衣服，露出雪白的肩膀，年纪轻轻，越发显得天真烂漫，活脱是一个娴静又纯洁的小姑娘。（介词转换为动词）

An error by the Royal Mint in Britain has seen the issue of tens of thousands of "dateless" 20 pence coins—driving their value up to 50 pounds(60 euros, 80 dollars)each, a collector said Monday.

一名收藏者于本周一称，英国皇家铸币局近日酿成大错，数万枚20便士硬币被漏印铸造时间，这导致错币的价值飙升至每枚50英镑（合60欧元或80美元）。（介词转换为动词）

2. 转换为名词

英语中的动词、形容词、副词等可在翻译时转换为汉语名词。例如：

As the war progressed, he would symbolize their frustrations, the embodiment of all evils.

随着战争的进行，他就成了他们受挫的象征，成了一切邪恶的化身。（动词转换为名词）

We were most impressed by the fact that even those patients who were not told of the illness were quite aware of its potential outcome.

给我们留下极深印象的是，即便那些没有被告知病情的病人对其疾病的潜在后果也非常清楚。（动词转换为名词）

He had deep sympathy for the insulted and the injured.

他对受侮辱的人和受损害的人有深厚的同情心。（形容词转换为名词）

The true, the good and the beautiful always exist in comparison with the false, the evil and the ugly, and grow in struggle with the latter.

真、善、美总是在同假、恶、丑相比较而存在，相斗争而发展。（形容词转换为名词）

He is physically weak but mentally sound.

他身体虽弱，但思想健康。（副词转换为名词）

Specialization enables one country to produce some goods more cheaply than another country.

专业化能使一个国家生产的产品比别的国家生产的便宜。（副词转换为名词）

3. 转换为形容词

英语中的名词与副词可在翻译时转换为汉语形容词。例如：

I am deeply impressed by the beauty of the Summer Palace.

美丽的颐和园给我留下了深刻的印象。（名词转换为形容词）

As he is a perfect stranger in the city, I hope you will give him the necessary help.

他对这座城市是完全陌生的，所以我希望你能给他必要的帮助。（名词转换为形容词）

The sun affects tremendously both the mind and body of a man.

太阳对人的身体和精神都有极大的影响。（副词转换为形容词）

She chirped, blinking her eyes happily.

她叽叽喳喳地叫着，两眼闪着快乐的光芒。（副词转换为形容词）

4. 转换为副词

英语中的名词、动词、形容词等可在翻译时转换为汉语副词。例如：

The new mayor earned some appreciation by the courtesy of coming to visit the city poor.

新市长又有礼貌地来看望城市贫民，获得了人们的一些好感。（名词转换为副词）

It is our great pleasure to note that China has made great progress in economy.

我们很高兴地看到,中国的经济已经有了很大的发展。(名词转换为副词)

The influence that this genius has had on science continues at the 100th anniversary of his birth.

这位天才在诞生一百周年时还在影响着科学的发展。(动词转换为副词)

I succeeded in persuading him.

我成功地说服了他。(动词转换为副词)

The pictures give a visual representation of the situation.

这些图片直观地展示了当时的情景。(形容词转换为副词)

二、句子的翻译技巧

英汉两种语言在句法结构上的一个重要差别是从句的使用。具体来说,当一套主谓结构在另一套主谓结构中充当一个成分时,充当成分的主谓结构就是从句,且充当什么成分就被称为什么从句。由于从句的使用较为频繁,因而英语中常出现一些结构复杂的长句,为翻译带来不小的障碍。本节就对从句和长句的翻译技巧展开讨论。

(一)从句的翻译

1. 定语从句的翻译

(1) 限制性定语从句的翻译

限制性定语从句与先行词之间不使用逗号,二者的修饰关系较为密切。翻译限制性定语从句时,可采取以下几种方法。

①前置法

汉语常将修饰语放于被修饰语之前,并采用"……的……"这种形式。当限制性定语从句的结构较为简单时,可以采取前置法,将其译为带"的"字的定语词组并置于被修饰语之前,从而使译文符合汉语的表达习惯。例如:

The early lessons I learned about overcoming obstacles also gave me the confidence to chart my own course.

我早年学到的克服重重障碍的经验教训也给了我规划自己人生旅程的

信心。

The few points which the president stressed in his report are very important indeed.

院长在报告中强调的几点的确很重要。

②后置法

当限制性定语从句的结构较为复杂，无法采用前置法时，可将其置于被修饰语之后，并译为并列分句，具体来说又包括以下两种情况。

第一，对先行词进行重复。例如：

Man possesses an expressive faculty that goes far beyond gestures, that allows and even compels him to express his thoughts, feelings, dreams and intuitions.

人类具有远远超过手势的表达官能，这种官能不仅能够而且迫使他要把思想、感情、梦幻、直觉表达出来。

She will ask her friend to take her son to Shanghai where she has some relatives.

她将请朋友把她的儿子带到上海，在上海她有些亲戚。

第二，将先行词予以省略。例如：

He managed to raise a crop of 200 miracle pumpkins that weighed up to fifteen pounds each.

他居然种出了200个奇迹般的南瓜，每个重达15磅。

He was a unique manager because he had several waiters who had followed him around from restaurant to restaurant.

他是个与众不同的经理，有几个服务员一直跟随着他从一家餐馆跳槽到另一家餐馆。

③融合法

所谓融合法，就是将原句中的主句与限制性定语从句进行融合，并将它们合译为一个独立的句子。例如：

In our factory, there are many people who are much interested in the new invention.

在我们工厂里，许多人对这项新发明很感兴趣。

These were the meetings that were engineering Khrushchev's "resignation" on ground of "advancing age and deteriorating health".

这些会议促使赫鲁晓夫"辞职"，其理由是他的"年纪越来越大，而且健康状况日益恶化"。

（2）非限制性定语从句的翻译

非限制性定语从句与先行词之间常用逗号隔开，且非限制性定语从句只对先行词进行补充说明，二者的修饰关系不是十分紧密。非限制性定语从句的翻译主要有以下几种方法。

①前置法

当非限制性定语从句具有描写性，且结构相对简单时，可将其译为"……的"结构并置于被修饰语之前。例如：

He liked his sister, who was warm and pleasant, but he did not like his brother who was aloof and arrogant.

他喜欢热情快乐的妹妹，而不喜欢冷漠高傲的哥哥。

Mary, whose composition is read by the teacher, is a top student in our class.

作文被老师宣读的玛丽是我们班的尖子生。

②后置法

当非限制性定语从句的结构较为复杂时，可将其译为独立分句或并列分句。

第一，译成独立分句。例如：

I was quite surprised to receive a long handwritten response from him, in which he thanked me for taking the time to write and encouraged me to follow my dreams.

我意外地收到他的一封很长的亲笔回信，他在信中感谢我抽出时间给他写信，还鼓励我去追求自己的梦想。

He had talked to Vice-President Nixon, who assured him that everything that could be done would be done.

他和副总统尼克松谈过话，副总统向他保证，凡是能够做到的他将竭尽全力去做好。

第二，译成并列分句。例如：

She studied hard at school when she was young, which contributed to her success in later life.

她年轻时学习很用功，这一点有助于她后来人生的成功。

Kissinger and his small group of aides toured the Forbidden City, where the Chinese emperors had once lived in lofty splendor.

基辛格和他的一小组随从参观了故宫，从前的中国皇帝曾在此过着奢华显赫的生活。

2. 名词性从句的翻译

英语中的名词性从句主要包括主语从句、宾语从句、表语从句以及同位语从句等。下面具体分析其翻译方法。

（1）主语从句的翻译

第一，当主语从句由 what、whoever、whatever 等代词来引导时，可遵循原文的表述顺序进行翻译。例如：

He would remind people again that it was decided not only by himself but by lots of others.

他再次提醒大家说，决定这件事的不只是他一个人，还有其他许多人。

Whatever he saw and heard on his trip gave him a very deep impression.

他此行的所见所闻给他留下了深刻的印象。

第二，当主语从句由 it 充当形式主语时，可根据原句的具体情况来灵活摆放其在译文中的位置。例如：

I take it for granted that you will come and talk the matter over with him.

我想你会来跟他谈这件事情的。

It was obvious that I had become the pawn in some sort of top-level power play.

很清楚，某些高级官员在玩弄权术，而我却成了他们的工具。

（2）宾语从句的翻译

第一，当宾语从句由 what、that、how 等引导时，可遵循原句的顺序来进行翻译。例如：

Can you hear what I say?

你能听到我所讲的话吗？

If you are interested in our proposal, we should be glad to know on what terms you would be willing to conclude an agreement.

如果贵方对我方的提议感兴趣，我方想知道贵方的签约条件。

第二，当原句使用 it 充当形式宾语时，在译文中应将 it 省略，并对宾语从句的位置灵活处理。例如：

I made it clear to them that they must hand in their term papers before this Friday.

我向他们讲清楚了，他们必须在本周五前交学期论文。

I take it for granted that you will come and talk the matter over with him.

我想你会来跟他谈这件事情的。

（3）表语从句的翻译

表语从句的翻译一般采取顺译法，即按照原文的顺序进行翻译。例如：

The question is whether he has signed the contract.

问题是他是否已经在合同上签了字。

This is what he is eager to do.

这就是他所渴望做的事情。

（4）同位语从句的翻译

英语中的同位语从句常用来对句中的名词、代词进行解释说明。对同位语从句进行翻译时，不必采取固定的方法，而应结合具体的语境来进行灵活处理。具体来说，既可将从句提前，也可保留从句在原文中的位置，还可通过增加"即"、冒号、破折号等来使译文符合汉语表达习惯。例如：

An obedient son, I had accepted my father's decision that I was to be a doctor, though the prospect interested me not at all.

作为一个孝顺的儿子，我接受了父亲的决定，要当医生，虽然我对这样的前途毫无兴趣。

"Influenced by these ethics, Powers lived under the delusion that money does money stink..."

"受了这种道德观念的熏陶,鲍尔斯生活在一种错觉中,以为金钱总是香喷喷的……"

And there was the possibility that a small electrical spark might accidentally bypass the most carefully planned circuit.

而且总有这种可能性——小小的电火花,可能会意外地绕过了最为精心设计的线路。

3. 状语从句的翻译

(1) 时间状语从句的翻译

由 when 引导的时间状语从句在英语中较为典型,下面对其进行具体分析。

第一,译为表示时间的分句。例如:

When he left school at fourteen, he began to train as an engineer.

当他14岁离开学校时,他开始被训练做个工程师。

第二,译为"每当……""每逢……"结构。例如:

When the baby sees the picture of the monster, he bursts into tears.

每当这个孩子看到怪兽的图片时,他都会哭。

第三,译为"刚……就……""一……就……"结构。例如:

Hardly had we arrived when it began to snow.

我们一到就下雪了。

第四,译为"在……之前""在……之后"结构。例如:

When the firemen got there, the fire in their factory had already been poured out.

在消防队员赶到之前,他们厂里的火已被扑灭了。

第五,译为并列句。例如:

She gazed at him, with a curious expression of dislike and distrust as he silently turned away.

她瞪着他，显出一种厌恶又怀疑的难以形容的表情，这时他只好默默地转过身去。

第六，译为条件复句。例如：

When you have driven Jaguar once, you won't want to drive another car.

只要你开过一次捷豹牌汽车，你就不会再想开其他牌子的汽车了。

（2）条件状语从句的翻译

第一，译为表"假设"的分句。例如：

If an employee was having a bad day, Bob was there telling the employee how to look on the positive side of the situation.

如果某个雇员遇到不开心的事，鲍伯就会告诉他如何去看事情的积极面。

第二，译为表"条件"的分句。例如：

If you tell me about it, then I shall be able to decide.

如果你告诉我实情，那么我就能做出决定。

第三，译为"补充说明"的分句。例如：

"You'll have some money by then, that is, if you last the week out, you fool."

"到那时你该有点钱了，就是说，如果你能熬过这个星期的话，小子。"

（3）原因状语从句的翻译

第一，译为因果偏正句的主句。例如：

Because the young man used to visit Mary's office, he was considered as Mary's boyfriend.

这个小伙子经常到玛丽的办公室，所以别人都认为他是玛丽的男朋友。

第二，译为表原因的分句。例如：

The book is unsatisfactory in that it lacks a good index.

这本书不能令人满意之处就在于缺少一个完善的索引。

（4）目的状语从句的翻译

第一，译为表"目的"的前置分句。例如：

He pushed open the door gently and stole out of the room for fear that he should awake her.

为了不惊醒她，他轻轻推开房门，悄悄溜了出去。

第二，译为表"目的"的后置分句。例如：

Man does not live that he may eat, but eats that he may live.

人生存不是为了吃饭，吃饭是为了生存。

（二）长句的翻译

英语中的长句常常包含多层逻辑关系，从而使句子结构较为复杂。因此，翻译时不仅要逐层梳理其句间关系，还应摆脱句子结构的限制，将其思想与观点准确传递出来。概括来说，长句的翻译可采取顺译法、逆译法、分译法以及综合法。

1. 顺译法

当英语长句遵循时间先后顺序或者逻辑关系来组织信息时，这种表述方式与汉语基本一致，因而可按照英语长句的表述顺序进行翻译，而不必对其进行调整。例如：

Prior to the twentieth century, women in novels were stereotypes of lacking any features that made them unique individuals and were also subject to numerous restrictions imposed by the male-dominated culture.

在20世纪以前，小说中的妇女像都是一个模式。她们没有任何特点，因而无法成为具有个性的人；她们还要屈从于由男性主宰的文化传统强加给他们的种种束缚。

If she had long lost the blue-eyed, flower-like charm, the cool slim purity of face and form, the apple-blossom coloring which had so swiftly and oddly affected Ashurst twenty-six years ago, she was still at fortythree a comely and faithful companion, whose cheeks were family mottled, and whose grey-blue eyes had acquired a certain fullness.

如果说她早已失掉了她脸儿和身段的那种玉洁冰清、苗条多姿的气质和那苹果花似的颜色——26年前这种花容月貌曾那样迅速而奇妙地影响过艾舍斯特——那么在43岁的今天，她依旧是一个好看而忠实的伴侣，不过两颊淡淡地有点儿斑驳，而灰蓝的眼睛也已经有点儿饱满了。

2. 逆译法

由于表达习惯的不同，英语有时采取与汉语差别很大甚至完全相反的顺序来进行表述。此时，应采取逆译法，即从原文的结尾处起步，并按照与原文表述顺序相逆的方向来进行。例如：

They(the poor)are the first to experience technological progress as a curse which destroys the old muscle-power jobs that previous generations used as a means to fight their way out of poverty.

对于以往几代人来说，旧式的体力劳动是一种用以摆脱贫困的手段，而技术的进步则摧毁了穷人赖以为生的体力劳动，因此首先体验到技术进步之害的是穷人。

A great number of graduate students were driven into the intellectual slum when in the United States the intellectual poor became the classic poor, the poor under the rather romantic guise of the beat generation, a real phenomenon in the late fifties.

50年代后期的美国出现了一个任何人都不可能视而不见的现象，穷知识分子以"垮掉的一代"这种颇为浪漫的姿态出现而成为美国典型的穷人，正是这个时候大批大学生被赶进了知识分子的贫民窟。

3. 分译法

分译法又称"拆译法"，是指将英语句子的成分进行拆分，并分别进行翻译与处理的方法。这是由于英汉的句法结构存在较大差异，将句子拆成较小的部分之后，根据译入语的习惯将其置于不同位置或改变其排列顺序，对于译语读者的理解大有裨益。例如：

What can easily be seen in his poems are his imagery and originality, power and range.

他的诗作形象生动，独具一格，而且气势磅礴，题材广泛。这是显而易见的。

The real challenge is how to create systems with many components that can work together and change, merging the physical world with the digital world.

我们所面临的真正挑战是如何建立这样一些系统，它们虽由很多成分组成,但可互相兼容,交换使用,从而把物质世界与数字世界融为一体。

While the present century in its teens, and on one sunshiny morning in June, there drove up to the great iron gate of Miss Pinkerton's academy for young ladies, on Cheswick Mall, a large family coach with two fat horses in blazing harness, driven by a fat coachman in a three-cornered hat and wig, at the rate of four miles an hour.

(当时)这个世纪刚过了十几年。在6月的一天早上,天气晴朗,契息克林荫道上平克顿女子学校的大铁门前面来了一辆宽敞的私人马车。拉车的两匹肥马套着雪亮的马具,一个肥胖的车夫戴了假头发和三角帽子,赶车子的速度是1小时4英里。

Television, it is often said, keeps one informed about current events, allows one to follow the latest developments in science and politics, and offers an endless series of programs which are both instructive and entertaining.

人们常说,通过电视可以了解时事,掌握科学和政治的最新动态。从电视里还可以看到层出不穷、既有教育意义又有娱乐性的新节目。

4. 综合法

英语长句的结构错综复杂,因此不能单纯地使用某一种翻译方法,而应将多种方法有机结合起来,将各种翻译方法的优势充分发挥出来,从而使译出的译文更加准确、流畅、自然。例如:

People were afraid to leave their houses, for although the police had been ordered to stand by in case of emergency, they were just as confused and helpless as anybody else.

尽管警察已接到命令,要做好准备以应对紧急情况,但人们不敢出门,因为警察也和其他人一样不知所措和无能为力。

But Rebecca was a young lady of too much resolution and energy of character to permit herself much useless and unseemly sorrow for the irrevocable past; so having devoted only the proper portion of regret to it, she wisely turned her whole attention towards the future, which was now vastly more important to her.And she surveyed her position, and its hopes, doubts and chances.

幸而利倍加意志坚决，性格刚强，觉得既往不可追，白白的烦恼一点儿也没有用，叫别人看着反而不雅，因此恨恨了一阵便算了。她很聪明地用全副精神来盘算将来的事，因为未来总比过去要紧得多。她估计自己的处境，有多少希望、多少机会、多少疑难。

三、语篇的翻译技巧

所谓语篇，是指具有一定长度与交际目的，且语义完整、逻辑连贯的段落，具有口语和书面语两种表现形式。语篇是翻译效果的最终体现方式，因而语篇翻译在翻译实践过程中具有重要的意义。概括来说，语篇的翻译可从衔接与连贯两个方面入手。

（一）语篇的衔接

衔接这一概念最早由韩礼德（Halliday，1962）提出，是语篇翻译中的一个重要环节。韩礼德认为，衔接就是语篇内部的各种语义关系，这些语义关系使不同的信息组成一个语篇。衔接的优劣对于读者是否可以理解、接受语篇中的信息、观点、主题等具有决定性的影响。

通过语篇衔接手段的有效运用，可在一段话中的各个部分之间建立语法、逻辑联系。在《功能语法导论》中，韩礼德提出了以下五种衔接方式。

1. 照应衔接

照应衔接表示某一语篇中一个成分和另一个成分之间存在着关联，是最明显的一种衔接手段。换句话说，照应就是语篇中的一个语言成分与另一个语言成分互为解释。例如：

Readers look for the topics of sentence to tell them what a whole passages is "about", if they feel that its sequence of topics focuses on a limited set of related topic, then they will feel they are moving through that passage from cumulatively coherent point of view.

只有确定 they 的所指对象，即与 they 形成照应的词语，才能确定 they 的具体含义。本例中，they 与 readers 构成照应关系。

2. 替代衔接

替代衔接是指语篇中用代词或代动词来替换不想重复的部分。概括来说，替代可以分为名词性替代、动词性替代和分句性替代。例如：

Jane needs a new bicycle.She's decided to buy one.

（名词性替代：one 替代 a new bicycle）

He never goes to bar at night，nor do his colleagues.

（动词性替代：do 替代 goes to bar at night）

People believe that Jane will win the first prize in the English Competition. John thinks so, but I believe not.

（分句性替代：so 与 not 替代 Jane will win the first prize in the English Competition）

3. 省略衔接

省略衔接是指将语篇中的某一个或几个成分予以省略，这些被省略的成分可以在上下文中找到。省略也可以分为名词性省略、动词性省略和分句性省略三种类别。例如：

Jack was apparently indignant，and（ ）left the room at one.

（名词性省略，省略作主语的 he）

Reading makes a full man; conference（ ）a ready man; writing（ ）an exact man.

（动词性省略，省略动词 makes）

A：What does she mean by saying that?

B：I don't know for sure.

（分句性省略，know 后面省略了 what she means by saying that）

4. 关联衔接

关联衔接是指通过关联词或关联结构来实现语意上的衔接，韩礼德将英语的连接词语按其功能分为以下四种类型。

第一，时序，用于表示事件发生的先后顺序，如 first、next、then、formerly、in the end、finally。

第二，添加、递进，用于增加或补充信息，如 and、also、furthermore、

besides、in addition、what is more。

第三，因果，用于阐明原因与结果的关系，如 since、because、for、as、consequently、for this reason。

第四，转折，用于表示前后句意完全相反，如 however、but、conversely、on the other hand 等。

5. 词汇衔接

词汇衔接是指语篇中的某些词汇之间存在语义上的联系，这种联系包括两种，即复现关系和同现关系。

在进行英语语篇的翻译时，首先要对语篇中使用的衔接手段有较准确的把握，从而梳理语篇的内在逻辑关系。然后将句子与句子、段落与段落按照逻辑组织起来，并根据译入语的表达习惯进行相应的转换。例如：

One the surface, many marriages seem to break up because of a "third party". This is, however, a psychological illusion. The other woman or the other man merely serves as a pretext for dissolving a marriage that had already lost its essential integrity.

从表面上看，许多婚姻好像毁在"第三者"手里。然而，这只是一种心理幻觉。第三者不过是一个表象，它瓦解了一个早就失去了其内在完整性的婚姻而已。

Efforts on the part of the developing nations are certainly required. So is a reordering of priorities to give agriculture the first call on national resources.

发展中国家做出努力当然是必需的。调整重点，让国家的资源首先满足农业的需要，这当然也是必需的。

Without a steady supply of fresh blood, without the oxygen it carries, the human brain is quickly impaired. In four minutes, brain cells, starved for oxygen, begin to die and serious brain damage results. In another few minutes, the brain is completely destroyed.

This was the crux of a stubborn problem. The heart could not be taken out of action for more than four minutes—very little time to repair a heart defect. Until a solution could be found, operation on the open heart would be impossible.

人脑如果得不到稳定的新鲜血液，得不到血液中的氧，就会很快受到损伤。大脑细胞缺氧四分钟后就会死亡，导致严重的脑损伤；再过几分钟，大脑就将彻底损坏。

心脏停止跳动亦不能超过四分钟——用这点时间来修补心脏缺陷是远远不够的。问题难就难在这里。不解决这个问题，就不可能打开心脏进行手术。

Quietly, so as not to disturb the child's mother, he rose from the bed and inched toward the cradle.Reaching down, he gently lifted the warm bundle to his shoulder.Then, he tiptoed from the bedroom, she lifted her head, opened her eyes and—daily dose of magic—smiled up at her dad.

他不想弄醒熟睡的妻子，小心翼翼地下了地，一步一步慢慢走到女儿的小床边，弯下腰来，伸出双手轻轻地连女儿带包被一起抱了起来贴在自己的胸前，踮着脚尖走出了卧室。怀中的女儿抬了抬头，睁开睡眼，咧开小嘴冲他朦胧地一笑。女儿的笑打动着他这颗当父亲的心，天天如此。

（二）语篇的连贯

衔接主要以词汇、语法等有形手段来实现语篇内在的清晰、贯通。与此不同，连贯不使用这种较为明显的手段，而是利用交际双方所共同了解的背景以及必要的逻辑推理来实现语义的顺畅。可见，连贯是语篇内部的一张无形网络。

由于语篇的连贯具有高度的抽象性，译者必须对表面上相互独立的语句进行深入剖析，挖掘出其内在的关系，才能忠实、完整地传达原作的题旨和功能。例如：

The chess board is the world, the pieces are the phenomena of the universe, the rules of the game are what we call the laws of nature.The player on the other side is hidden from us.We know that his play is always fair, just, and patient. But we also know, to our cost, that he never overlooks a mistake, or makes the smallest allowance for ignorance.

世界是盘棋，万物就是棋子。弈棋规则即所谓的自然规律，我们的对手隐蔽不见。我们知道他下棋总是合理、公正、有耐心。但输了棋后我们才知道，他从不放过任何误棋，也决不原谅任何无知。

I wrestled with my own resolution: I wanted to be weak that I might avoid the awful passage of further suffering I saw laid out for me...

我和我自己的决心搏斗着：我要成为软弱的人，这样我就可以避免去走那条要我受更多苦难的可怕的路，我看到这条路就摆在面前……

Bertha Manson is mad, and she come of a mad family—idiots and maniacs through three generations!Her mother, the Creole, was both a mad woman and drunkard!As found out after I had wed the daughter: for they were silent on family secrets before Bertha, like a dutiful child, copied her parent in both points.

伯莎·梅森是个疯子，她出身于一个疯子家庭，三代都是白痴和疯子。在我娶她之前，他们家对这个秘密一直是守口如瓶。结婚以后我才发现，她的母亲，那个克里奥尔人，原来既是一个疯女人又是一个酒鬼！伯莎像个孝顺的孩子，在这两点上和母亲一模一样。

By a simple process, the scientists extract from the leaves of the plant a compound called podophyllotoxin, which is used in the cancer drug etoposide. The main source of the compound to date has been from the root stem of an Asian plant similar to the Mayapple, but taking it kills the plant and has resulted in its near extinction.By using the leaves, it's not necessary to kill the plant.

科学家们用一种简单的工艺从这种植物的叶子提取一种叫作鬼白素的化合物，用它制成磷酸依托泊苷抗癌药物。迄今为止，这种化合物主要来源于一种与鬼白果类似的亚洲植物的根茎，但取出根茎植物就会死亡，导致该植物近乎灭绝。只用叶子，就可避免此种后果。

第五节 英汉翻译中的文化对比概述

在英汉翻译研究中，关于文化对比研究这一要素的探讨主要是通过文化对比的方法探索英汉翻译的客观规律和普遍性，并为英汉翻译提供科学的依据。英汉翻译中的文化对比主要是对语言中文化因素的对比以及对语言转换产生影响的语言外文化因素的对比。总之,对英汉翻译中文化对比相关问题进行探讨有着非常重要的作用和意义。本节主要围绕文化对比对翻译的影响、文化对比下翻译的原则以及策略进行研究和分析。

一、文化对比对翻译的影响

作为翻译工作者,在其具体的翻译实践中,首先就应对翻译所涉及的两种语言有足够的理解和把握,而要想对语言有更好的掌握和认识,深入了解两种语言所涉及的社会文化也非常关键。翻译工作者不仅应对两种语言所涉及的文化有足够的认知,还应加强对这两种不同文化的对比。强化对两种不同文化的对比对翻译有着重要的影响作用和意义。

(一)物质文化对比对翻译的影响

英汉民族的人们生活在不同的物质世界中,他们所创造出来的所有物质产品都是文化的物质载体。我们经常所提及的衣、食、住、行就属于物质层面文化的重要构成部分。这些物质文化是不同民族的物质基础和思想观念等在人们生活层面的直接、真实的反映。只有对这些物质文化进行对比,才能加深不同民族人们文化间的沟通与理解,并对翻译有着非常重要的影响作用。下面一些例子是一些典型的汉语中物质文化的英译和一些独具特色的英语物质文化的汉译。

唐装 Tang suit

旗袍 cheongsam

杂碎 chop suey

Hot dog 热狗

salad 沙拉

(二)生态文化对比对翻译的影响

受到地理位置差异这一客观性因素的影响,英汉民族的生态文化也存在着明显的不同。就我国的地理位置来看,典型的大陆性地域使我国具有幅员辽阔、地大物博这一特点,并出现了诸多具有特殊地域色彩的表达。例如,

"福如东海、寿比南山、黔驴技穷"。英国以其发达的航海业著称，其语言表达中也出现了很多与船、海洋、水等相关的表述，如 all at sea（不知所措），spend money like water（挥金如土）。加强对这些生态文化因素的对比对翻译实践中的与之相关文本材料的理解非常有帮助，有利于作者在源语和译入语之间进行更好的思维转换。

二、文化对比下翻译的原则

翻译是解决不同国家间语言文化交流的媒介，对不同语言所进行的翻译其实也就是在对文化进行对比并了解文化差异的基础上所进行的翻译。基于文化差异的客观存在以及文化背景的复杂性等，文化对比下的翻译也应以一定的翻译原则为依据，下面就对文化对比下的翻译原则进行详细分析和探讨。

（一）约定俗成原则

文化对比下的翻译应坚持约定俗成的原则，具体指的是在翻译的过程中应依照语言的发展规律和语用习惯，采用被大家普遍接受的约定俗成的表达进行翻译。对于一些已有翻译的人名、地名、习惯表达，应选择最通用者定名而不必新增译名，徒乱人意。

例如，U.S.Department of State 应按习惯译为"美国国务院"而不是"美国国务部"。

再如，将"科学发展观"按习惯译为 Scientific（Outlook on）development，这一译法曾经让西方读者产生了误解，将其理解为"科技"发展观，导致这一误解的原因在于在英文中，science 多指自然科学，然而在现代汉语中"科学"的内涵则比较宽泛，涵盖自然和社会科学。历经长时间的话语实践，"科技"发展观这一译法逐渐被西方理解和接受。

（二）"和而不同"原则

文化对比下的翻译还应坚持"和而不同"的原则，这一原则又具体包括以下几个方面的内涵。

1. 忠实第一，创造第二

从某种意义上来看，翻译是译者所进行的一种再创造的实践活动。然而，这里所说的创造是相对的、有条件的，应在忠实传达原文语义和文化内涵的基础上进行。这在很大程度上和翻译的属性是分不开的，翻译作为一种实践活动，旨在使一种语言的读者借助于本国文字来了解其他国家的文化。也就是说，译者通过译语将源语文化介绍给译语读者，应尽可能地将不理解原文的人借助于译文知晓、了解并欣赏原文的思想内容和文体风格。此处所讲的思想内容不仅包括源语文本的语义内容，而且还包括源语文本的文化内容，并在理解源语语义和文化内容的基础上来进一步理解源语文本的文体风格。要想更好地实现上述目的，就应追求目的语文本与源语文本的意义相当、语义相近、文体相仿、风格相称。这也就决定了我们应该将"忠实"作为翻译的第一要则。

在文化对比翻译的过程中坚持"和而不同"的原则还要求在翻译实践中尊重原作和源语文化。也就是说，在翻译的过程中尽最大可能忠实源语文本，不随意删改、改造或对原作进行改写。然而，就实际来看，这种绝对的"忠实"并不存在，过分忠实于原文极有可能会导致死译、硬译，这也是翻译实践中比较忌讳的。此处所说的"忠实"具体指的是如实、准确地表达原文的语义内容、文化内容和原文所传达的文化韵味，而不是刻意地追求语言表达形式的雷同。在真正做到在"意似"和"神似"的前提下还应兼顾"形似"，这些都是翻译工作者所追求的理想境界。

然而，在具体的翻译实践中，还往往存在着"文化空缺""概念空缺"以及语言表达方式差异等情况，如果拘泥于绝对忠实的翻译，有时很难用恰当的译语形式再现原文的语义内容和文化内容。此时，进行适当、得体的创造就非常必要。特别是对于文学翻译而言，这种"创造"，特别是将提高审美价值作为其翻译目标的"艺术加工"更是不可或缺的。将翻译看成是对原作的再创造，事实上就是指译者借助于自己的创造性加工工作将原作的精髓用另外一种语言完美地再现出来。但是，这种创造绝对不是凭空想象地改写或歪曲事实，不能摒弃其文化内涵。总而言之，文化对比下"和而不同"的原则应坚持忠实第一，创造第二，创造必须以忠实为前提。

2.内容第一，形式第二

文化对比下的翻译所坚持的"和而不同"原则还应坚持"内容第一，形式第二"这一细则。这里的内容具体指的是源语语言本身所蕴含的语义、文化、情感等内涵。这里的形式具体指的是源语内容借以表达的语言外壳,具体包括原作的文本体裁、修辞手段以及语句篇章结构等。具体而言,就是应将内容的翻译处理、准确传递放在首位,同时,还应兼顾源语的文本形式,这样有利于更好地传递源语的文体风格。如果遇到维持原文形式很难有效传达原作内容的情况,就要牺牲形式来达到内容的准确。形式事实上是附属于内容并为内容服务的,不能为了追求形式而牺牲内容。甚至在必要时,还应适当地调整结构、增删字词、转换语义或对句型进行改换等。例如:

裁衣不用剪子——胡扯

Cutting out garments without the use of the scissors—only by tearing the cloth recklessly talking nonsense.

在对本例汉语歇后语进行翻译时,很好地坚持了"内容第一,形式第二"这一原则,将源语中所蕴含的汉语文化很好地展现出来。

(三)空位补偿原则

根据美国著名的《圣经》翻译研究学者尤金·奈达(Eugene A.Nida)所提出的"零位信息"这一概念,在对文化词汇进行翻译的过程中会出现词汇空缺或文化缺省的现象。针对这一现象,只能在翻译时跨越文化词汇所造成的翻译障碍,坚持空位补偿原则进行翻译,以此来弥补或避免翻译时的信息亏损。例如:

沉鱼落雁(of a woman)extremely beautiful

兵马俑 terra cotta warriors and horses

灯会 lantern festival

蚕宝宝 silkworm

(四)文化顺应原则

顺应性是语言的一大特点。语言的顺应性这一特点具体指的是为了满足语境所需,语言能使使用者从可供选择的项目中进行灵活的变通。语言和文化间的密切关系也要求交际双方只有与文化语境相顺应才能促成交际的成功。换句话说,在实际的言语交际过程中,交际的双方都应做出选择来顺应各种文化的语境因素，以利于交际目的的实现。

文化顺应就是不同文化下的人们在进行交际的过程中，为了促成交际的顺利和成功，相互借助于调整文化表达和文化行为等方式来适应他者的文化语境。相应地，在翻译实践中，也应坚持文化顺应的翻译原则。具体而言，就是要求译者在翻译的过程中，应依据读者的期盼、源语文本文化以及译者自身的能力等因素，对文化融合的翻译策略进行灵活的选择。这主要是因为翻译文本的目标读者有其自身对文化背景、译文期待以及交际等的个性化需求，为了迎合目标语读者的这一心理需求，同时也为了源语文化图式更好地能被目标语读者所接受，就应顺应目标语语言文化，以便目标语读者更顺利地了解源语文化所要表达的各种信息，更利于实现文化信息的传播。

（五）文化再现原则

基于文化对比的视角对英汉翻译进行探讨也是为了更恰当地对翻译中存在差异的文化因素进行处理，并更有利于文化交流这一翻译实质问题的实现。换言之，就是在翻译实践中应通过语际转换使源语中文化信息能完美地再现。具体而言，坚持文化再现原则包括以下几点内涵。

1. 再现源语文化特色

鲁迅认为，翻译应保持原作的风姿，必须有异国情调，也就是所谓的"洋气"。换言之，译者在翻译过程中，应忠实地将源语文化再现给译语读者，不应抹杀和损害源语的文化色彩，应尽可能地保持源语文化的完整。例如：

巧妇难为无米之炊。

译文 1：Even the cleverest housewife can't make bread without flour.

译文 2：Even the cleverest housewife can't cook a meal without rice.

在对本例原文进行翻译时，就会涉及中西传统主食文化差异这一问题。通过分析译文 1，可以看出，翻译时充分考虑到了英美国家的传统主食是面包这一文化因素，并没有体现源语中"米"这一字眼，这一译法更利于英美人接受和理解。但是，如果在我国古典小说中对这一表述进行翻译，西式面包在与整个作品的文化氛围并不协调，这样的翻译方法就会有损源语的民族文化特色。通过分析译文 2，可以看出，这一翻译保留了原作中"米"这一物质文化概念，如果是出现在古典小说之类的文学作品中的翻译，这一翻译不仅符合作品的社会文化背景，而且再现了源语的民族文化特色。

2. 再现源语文化信息

再现源语的文化信息具体指的是翻译时不应仅仅局限于原文的字面意思，而应对源语所承载的文化信息有比较深刻的理解，并在译文中使其再现。例如：

Mr.Vargas Llosa has asked the government "not to be" Trojan horse that allow the idealism into Peru.

巴尔加斯·略萨请求政府不要充当把理想主义的思潮引进秘鲁的特洛伊木马。

在对本例进行翻译时，首先应对源语中的 Trojan horse（特洛伊木马）这一文化因素有比较深刻的理解和认识，它是指"内部的颠覆者，起内部破坏作用的因素"，在翻译时，将其直译为"特洛伊木马"，使其文化信息得以完整地保留。

3. 再现源语文化风格

再现源语的文化风格是对文化翻译实践中比较高层次的翻译要求。可以说，文化风格是文本所要传递的思想灵魂和内在精髓。源语的文化风格对其文本信息起着质的规定性作用。以文学作品为例，语言文字是文学作品最基本的表现形式，是作家情感和认知的载体，并且能很好地展现作家的写作风格以及作品的艺术风格。不同的作家往往有其独特的艺术风格和语言特色。可见，再现源语的文化风格非常关键。例如：

苏小姐理想的自己是："艳如桃李，冷若冰霜"，……谁知道气候虽然每天华氏一百度左右，这种又甜又冷的冰激凌作风全行不通。

Miss Su, who pictured herself in the words of the familiar saying, "as delectable as peach and plum and as cold as frost and ice, "...Who would have thought that while the temperature hovered around 100 degrees every day, this sweet, cool ice cream manner of hers was completely ineffective.

本例原文中，运用了多处比喻，其一是用"艳如桃李，冷若冰霜"来比喻美女，其二是用"冰激凌作风"来比喻人的行为作风，这一比喻使原文在表达上产生了诙谐、幽默的效果。之所以用"冰激凌作风"做比喻，一方面是因为冰激凌集合了"桃""李""冰"这几种事物的特点,又甜又冷,所暗含的幽默效果溢于言表。译者在翻译时,将"艳如桃李,冷若冰霜"译为 as delectable as peach and plum and as cold as frost and ice,将"冰激凌作风"译为 "...Who would have thought that while the temperature hovered around 100 degrees every day, this sweet, cool ice cream manner of hers was completely ineffective",很好地传译了原文的文化风格。

三、文化对比下翻译的策略

文化对比下的翻译策略多种多样,但是无论采取哪种翻译策略,都是为了更好地传译源语文化。为了对文化对比下的翻译策略有更具体、清晰的认识,下面将从以下几种归类对其翻译策略进行探讨。

(一)传统型翻译策略

1. 直译策略

在对文化词汇进行翻译时,直译策略是最基本、最传统的翻译策略。如果仅仅采用直译策略就能将源语文本的文化内涵传达出来,采用直译策略最佳。例如:

To be on the thin ice 如履薄冰

at one's wits end 智穷才尽

to fan the flame(s) 煽风点火

to burn one's boats 破釜沉舟

to turn a deaf ear to 充耳不闻

Olive branch 橄榄树

Soft environment 软环境

Social security cards 社保卡

Problem furniture 问题家具

Drainage oil 地沟油

A stick-and-carrot policy 大棒加胡萝卜政策

Absolute advantage 绝对优势

anti-dumping 反倾销

Clean fuels 清洁燃料

Cultural shock 文化冲击

Silver screen 银幕

七嘴八舌 with seven months and eight tongues

信贷政策 credit policy

素质教育 quality education

政府补贴 government subsidy

希望工程 Hope Project

乡镇企业 township enterprise

象牙塔 ivory tower

失业率 unemployment rate

年终奖 year-end bonus

白色污染 white pollution

落后产能 outdated capacity

碳足迹 carbon footprint

碳税 carbon tax

森林覆盖率 forest coverage

天然气 natural gas

温室效应 greenhouse effect

热带雨林 tropical rain forest

文化遗产 cultural heritage

中国文学 Chinese literature

中国结 Chinese knot

亚健康 sub-health

延缓衰老 to defer senility

猫儿不在，老鼠翻天 When the cat's away the mice will play.

2. 意译策略

在对英汉文化词汇进行翻译时，如果在目标语言中找不到确切对应的文化词汇，或者采用注释等方法也不能很好地传递源语的信息，可进行适当的转变，采用意译策略进行翻译。例如：

相声 witty dialogue comedy

孝道 filial piety

水墨 Chinese brush painting

中山装 Chinese tunic suit

杂耍 Variety show

中医学 Traditional Chinese Medical Science

偏方 folk prescription

按摩 massage therapy

推拿 medical massage

祖传秘方 secret prescription handed down from one's ancestors

Silly money 来路不明的钱

Punch line 广告妙语

Silent contribution 隐名捐款

It is along lane that has no turning.

路必有弯，事必有变。

She was born with a silver spoon in her month.

她生长在富贵之家。

3. 音译策略

音译又被称为"转写"，这种翻译策略就是用一种文字符号来表示另一种系统文字符号的过程或结果。在翻译实践中，音译策略也得到了很好的运用。运用音译策略有利于将一些具有特殊文化特色的词语"移植"到译语文化中去，从而使其逐步为译入语读者所了解并欣然地接受，同时还有利于促进跨文化语言交际活动的有效进行。例如：

Lansing 兰辛

Vitamin 维生素

Travis 特拉维斯

Radar 雷达

Phiosophy 菲洛索菲

Jupiter 丘比特

Muse 缪斯

Hippie 嬉皮士

Prometheus 普罗米修斯

Pandora 潘多拉

Mousse 摩丝

Simmens 席梦思

Penicillin 盘尼西林

Lymph 淋巴

刮痧 gua sha

瑜伽 yoga

蹦极 bungee

馄饨 wonton

八卦 ba gua

功夫 kung fu

磕头 kowtow

武夷茶 bohea

这是柿油党的顶子，抵得一个翰林。

This was the badge of the Persimmon Oil Party, equivalent to the rank of a Han Lin.

在对本例中的"翰林"一词进行翻译时，就采取了音译的翻译策略，使源语文化的异质成分得到很好的保留。

（二）实践型翻译策略

随着全球化、信息化时代的逐步推进，翻译实务也呈现出面广量大的特点，翻译技术得到了飞速的发展，翻译的新经验也呈现出日新月异的状态，花样翻新的实践型翻译策略从翻译实践中凸显出来。这种类型的翻译策略并不单单隶属于哪个特定学派或某一系统理论，但是却对提升翻译效果非常有帮助。下面就结合实践型翻译策略在翻译中的运用进行具体分析。

1. 零翻译策略

零翻译策略是一种客观存在的比较新颖的翻译策略。相比于传统意义上的直译、意译、音译等翻译策略，这种翻译方法具有省时、简便、节省空间等优点。在翻译中，恰当地使用零翻译策略，对促进本民族语言和文化的发展有着非常重要的作用和意义。例如，iPad 等词语的运用就是非常典型的实例。这样一来，不仅能确保原科技语的准确运用，而且有利于目的语读者对这一文化事物的接受和传播。类似的例子还有很多。再如，买 DVD（买一台数字激光视盘），查一下 DNA（查一下脱氧核糖核酸），做 B 超（做 B 型超声诊断）。又如：

FAX（传真）

VIP（要客）

VS（对阵）

EQ（情商）

3M（一种机械产品）

HR（人事部门）

CEO（首席执行官）

IT（信息技术）

2. 深度翻译策略

深度翻译策略又称为"厚重策略"，这一策略具体根据阿皮尔（Appiah）所提到的借助于各种注释、评注来将文本置于丰富的语言文化环境中的翻译。这一翻译策略也适用于翻译任何其他含有较多解释材料的作品。所添加的注释、评注主要是用来让读者更好地理解异域文化中的人们思考问题和表达问题的方式。例如：

Jewish women are derided as "Jewish-American princesses".

犹太学生被讥为"美籍犹太公主"。（注：Jewish-American princesses 是美国俚语，意思是：娇生惯养的阔小姐，自认为应受特殊待遇的小姐。）

（三）文化学派的翻译策略

文化学派的研究者主要是对文化的渊源进行研究，此学派的翻译观点认为，翻译应同政治、经济、文化、社会意识形态等多种文化因素相联系。下面就结合几种比较典型的文化学派的翻译策略进行探讨和分析。

1. 文化移植策略

具体而言，文化移植策略指的是将一个民族特有的文化现象以其本来面目移植到另一个民族的文化空缺里。这种翻译策略对增强两个不同民族文化间的相容性非常有帮助。例如，在翻译"亚洲四小龙"时，为了有意规避 Dragon 一词在西方文化中的"怪物""罪孽"之意，通常将其译为 Four Tigers of Asia，避讳使用 Dragon 一词。

2. 改写策略

改写翻译策略通常是将目标语言中现成的妙语加以改造并用来翻译原文的方法。例如：

Anger is only one letter short of danger.

原译：生气离危险只有一步之遥。

改译：忍字头上一把刀。

本例中，原译和改译均没有错误，但是相比之下，改译的版本更佳，不仅保留文字游戏的风格，而且保留了原文的含义。

3. 文化置换策略

在翻译的过程中，如果在目的语中找不到对应的词语，可采用文化置换策略进行翻译。也就是说，寻找最为相近或语义对等的词语进行置换或替换。例如：

假使有钱，他便去押牌宝。

If have the money, he went gambling.

本例中的"押牌宝"是我国古代民间一种常见的赌博方式，现在几乎被现代化的各种赌博方式所取代。在对这一具有独特文化内涵的词汇进行翻译时，采用了置换策略，直接用 gambling 一词来替代"押牌宝"。采用置换策略进行翻译的例子还有很多。又如：

Lead a dog's life 过着牛马不如的生活

To teach fish to swim 班门弄斧

To have one foot in the grave 风烛残年

牛饮 Drink like a fish

拍马屁 kiss sb's ass

胆小如鼠 As timid as a rabbit

挥金如土 spend money like water

4. 文化对应策略

文化对应策略主要是用西方文化中比较知名的人物、事件等来诠释汉语文化中所特有的文化内容。例如，将汉语文化中的"梁山伯与祝英台"比作"罗密欧与朱丽叶"，将中国的江南水乡"苏州"比作东方的威尼斯。将"济公"比作"罗宾汉"。其中浙江兰溪的济公纪念馆中有这样一句话：

济公劫富济贫，深受穷苦人民爱戴。

在对本句中的"济公"进行翻译时，将其译为"Ji Gong, Robin Hood in China robbed the rich and helped the poor"，这一翻译就很好地采用了文化对应策略。这样一来，更加有利于迎合译入语国家人们的理解。

5. 归化翻译策略

归化翻译策略是一种要求译者向译语读者靠拢的翻译策略。运用这一策略进行翻译有利于最大限度地消除由于文化差异而带来的误读，有利于读者更好地理解源语文化。

归根结底，归化翻译策略是将原文本土化，采用目的语语言的表达方式进行翻译，将原文语言转化为本土化的语言，不仅有利于目的语读者更好地理解原文内容，而且有利于增强译文的可读性。

6. 异化翻译策略

异化翻译策略是在翻译的过程中，保留原文的异国情调，迁就原文的内容，并吸收原文的表达方式向原文读者靠拢。在文化对比翻译中，运用这一策略有利于更好地传达原文的意向和文化内涵。

（四）条件型翻译策略

比较常见的条件型翻译策略主要有改写翻译策略和解释型翻译策略，下面就对这两种策略分别进行分析。

1. 改写翻译策略

改写翻译策略是通过某种方式对源语文本进行重新解释，并在翻译过程中受到译者意识形态和目的语文化占主导的制约，因而会在某种程度上改变源语文本的思想内容甚至意识形态。

2. 解释型翻译策略

解释型翻译策略是从译入语的角度要求译文得体、语言流畅，为了便于译入语读者的理解，适当地对原文特有的文化现象和必要的背景信息进行解释，使其通俗易懂，增强可读性。

语言是人类用于沟通交流的重要手段与工具。语言与文化关系密切，语言是文化的载体，同时也是文化的一个重要组成部分。不同文化下的语言有着各自的特征，英汉语言也不例外。对英汉语言进行对比分析，了解两种语言的异同，并在此基础上研究英汉翻译，具有重要的意义。

第三章 中西方思维方式对跨文化交际的影响

第一节 中西方思维方式的差异

一、逻辑思维与形象思维的差异

中国人与西方人的思维有很大差异,首先从文化底蕴来看,形象思维是中国人的主要思维方式,而逻辑思维则是西方人比较重视的。中国人的形象思维很发达,这点在很多方面都有体现,渗入了中国文化的方方面面,从汉字、汉语言文化,到中国传统哲学,都充分体现了这样的特点。

文学是用语言塑造形象、反映社会生活的一种语言艺术,是文化中极具强烈感染力的重要组成部分。中国古典文学是中国文学史上闪烁着灿烂光辉的经典作品或优秀作品,它是世界文学宝库中令人瞩目的瑰宝。中国古典文学有诗歌、散文、小说,以及词、赋、曲等多种表现形式,在各种文体中,又有多种多样的艺术表现手法,从而使中国古典文学呈现出多姿多彩、壮丽辉煌的图景。几千年来,中国传统文化养育了中国古典文学,中国古典文学又大大丰富了中国传统文化,使传统文化更具有深刻的影响力。比如在中国古代文学中,我们不得不承认最发达、最具有代表性的是诗歌和散文,而不是戏剧或者小说,虽然戏剧和小说也同样深受人们的喜爱。而且纵观中国古代文学发展史,在很多作品中,普遍使用了形象类比的方法。《诗经》是中国古代诗歌的开端,最早的一部诗歌总集,收集了西周初年至春秋中叶(前11世纪至前6世纪)的诗歌,共311篇,其中6篇为笙诗,即只有标题,没有内容,称为笙诗六篇(南陔、白华、华黍、由康、崇丘、由仪),反映了周初期至周晚期约500年间的社会面貌。从《诗经》中的"风""雅""颂",到魏、晋、南北朝时期的骈文,再到明清的对联等,中国传统文化博大精深,在中国浩瀚的文海中,形象生动的比喻、联想无处不在。几千年过去,中国文学犹如鸿蒙初辟,充满了由感性和诗意构成的如画之意蕴。

说到西方文学史,不得不说的是《荷马史诗》,《荷马史诗》是指《伊利亚特》和《奥德赛》,产生于公元前9至公元前8世纪,相传是盲诗人荷马所做。《荷马史诗》集古希腊文化之大成,是欧洲文学史上最早的重要作品,是西方文学史的第一座里程碑。《伊利亚特》和《奥德赛》在题材处理及谋篇布局上显示了惊人的水平。两部史诗都涉及10年时间所发生的事,但都是采取戏剧式的集中、概括和浓缩的手法,把故事集中在一个人物、一个事件和某一段时间上,从而把众多的人物、纷繁的情节和丰富的生活画面浓缩成一个严谨的整体。《伊利亚特》格调雄壮,战争场面宏伟壮观,气势磅礴,节奏急促,具有阳刚之美。《奥德赛》格调平静,场景瑰丽,变化多端,节奏轻慢,具有阴柔之美。西方文学从《荷马史诗》和古希腊戏剧到近代批判现实主义文学,其发展经历了一个从诗性地描写宏大的历史场面,到充分展示命运的冲突、揭示人物深层性格双向逆反的矛盾运动这样一个由感性到抽象的进化过程。而在哲学世界观方面,中国古代的先哲圣贤及思想家们并不注重概念的解析,也不太注重逻辑学的相关概念。中国的象形文字本身就是一个形象思维的最好体现,中国书法体现了字画合一、感性生动的特点。另外,汉语言的语法在世界四大文化体系中出现得最晚,汉语言的表达方式也具有较含糊的特点。

二、对立思维方式的差异

对立思维是人的思维方式中很奇妙的一部分,万物都有对立统一的两方面。中西文化都注意到了事物的矛盾对立,比如《易经》就用"阴""阳"两种对立的力量来解释事物的发展变化。然而中国文化更加强调的却是"统一",注重求同的思维方式,在天人关系即主客关系上以"天人合一"、主客不分的思维方式处理问题,强调天、地、人为万物一体,和谐共生,如庄子所云"天地与我并生,万物与我为一"。在伦理观上表现为顾全大局,在个人与社会的关系上注重整体主义，当个体的价值倾向与整体出现不协调时，个人往往采取否定自己以适应群体的态度。在中国文化中，一个人的人格应该是统一的，人格的分裂是不被理解的。而在西方文化中，求异，即强调矛盾的斗争性的思维方式则是普遍的，西方人追求个体生存的意义，在面对群体和整体时，认为那是一种异己的、压抑自我的力量，个人应该随时抗拒这种异己的力量对自我的吞噬。在西方的文化经典《圣经》中，人格本来就是分裂的，夏娃是上帝从亚当身上抽出一根肋骨制造的，这是一种文化的隐喻。夏娃受蛇的引诱偷吃禁果后又引诱了亚当，最后拖累亚当一起被上帝赶出伊甸园，则预示着男人与女人的永恒矛盾。人格的分裂也导致了文化的分裂，西方文化从古希腊开始就处于矛盾冲突之中，俄狄浦斯的悲剧是由"仇父恋母"情节所引起的，而悲剧的出现又引发了更深刻的人的主体性与人的命运之间的永恒矛盾和冲突。中国人对待善与恶的态度是乐观的，认为人性本善，后天对"善"的背离可以用"教化"来纠正；而西方人则认为人性本恶，因而人生处处是冲突，人格无时无刻不在分裂，人与命运的悲剧随时随地都在发生。因此，西方文化的历史也是一部"精神突围"的历史，人在对立中诞生，在矛盾中存在，在斗争中寻求生存，而斗争的结果却往往是面临更大的矛盾和冲突。

三、整体和部分思维的差异

在对思维的基本的智力操作上，中国人偏向于综合思维和整体优先，而西方人则偏向于分析的思维模式。对于西方人而言，要弄清楚一件事物，必须首先把事物进行分割和拆解，才能弄清内部的结构。从古代希腊人把构成世界的始基界定为"水""火""原子"，到西方近代形而上学唯物主义采用隔离体的方式研究力学原理，再到现代卢瑟福从X粒子的散射实验得出原子的有核模型，西方的思维模式中处处充满了分析的特征，甚至早在希腊晚期，亚里士多德就已经把已有的知识分为各个门类，如诗学、政治学、伦理学、物理学、修辞学、形而上学等。而在中国古代，各种知识统统糅合在一起被笼统地称为"学问"，并且以吟诗作赋、博通经史和安邦定国为一贯的价值取向，至于自然类的知识，则更是被排斥为茶余饭后的奇谈逸事。中国人这种整体优先的思维方式体现在文学、道德学、中医学等各个方面。比如,《易经》中那句著名的"天行健,君子以自强不息;地势坤,君子以厚德载物"即是以"天"喻"人",天人合一,从整体上理解天人关系。中国人往往是以天才的猜测来从整体上把握不同事物的联系,比如中医学认为人体各部分是一个有机联系的整体,并用阴阳五行的学问来解释五脏之间的相互依存、相互联系,这才有头痛而从脚上寻找原因的"辨证施药"之说。总之,中国人在看待事物的时候,不是就事论事,把事物进行拆分、解析,而是把事物当成一个整体看待,充分注重该事物与其他事物的联系,并把以往对待其他事物的经验移植到这里,进行类比式的判断和猜测。这种方法能够从宏观上把握事物的全貌,并且有的时候还可能产生奇特的功效,甚至被西方人称为"东方神秘主义"。

四、感性与理性的冲突分析

感性是生命的本能,生物的条件反射,是理性最初始化的形式,在生命形式的进化过程中,基于本能的感性,逐渐上升为理性,才有了生命形态的逐步完善。感性永远是理性的基础,离开了感性,也就谈不上理性。首先是作为理性对立而被理解,"感性"与"理性"对照,即成了"不理性",感情用事,多愁善感。大家对"理性"的理解,即便不准确,也不至于有太大的偏差,对于"感性"的理解可就千差万别了。认为感性就是不理性,感情用事,这就是对"感性"最大的偏见和误解了。"感性"一词的感情色彩,并不是非常消极的。

每个人对于感性的认识都由于自己的理解体会和在具体语境中的把握而有所不同,大致都有以下几个方面:第一,与冷漠和内敛相对,感性的人感情丰富、多愁善感,情绪外显、喜怒无常。第二,感性的人易感,它是情商的表现,有很强的移情通感能力,知道在什么场合应该表露出哪种情绪,可以让交流更加融洽通畅。最后,感性体现了一种人性化的处事对人法则,是对功利的理性原则的反应,可以树立亲和型的另类权威。

所谓理性,就是基于感性,通过思考而升华的一种抽象的认知,它是对必然性的一种附和，分别为科学理性和哲学理性，前者是已经确认的结论，后者则是基于前者的预见。理性包括了思维本身的结论，也包括了以此为动机的行为判断。世上的人，因为感性和理性程度的差别，混沌地分为两大类，感性的人和理性的人。之所以混沌地区别，就在于人类再高级也还是动物，不存在纯粹的感性和理性，当然也就找不出纯粹感性或者理性的人。感性主导的人，一般号称自己是为感觉活着，他们的思维和行为方式，主要依靠自己的感觉或者直觉，很少考虑条件的约束，因此表现得另类，但他们实际上必须接受客观的限制，所以谈不上纯粹的感性。

理性主导的人，遇事三思而后行，主动地接受了自然和社会的约束，并清醒地考虑了客观条件的限制，所以很少出格，行为一般符合约定的规范。人类既然已经产生了社会，客观上个体就必须服从群体，所以理性的人，相对适应了环境，也是人类未来发展的方向。

一般来讲，中国人的判断力较容易受到情感的影响，中国人往往从伦理亲情出发来理解各种社会关系，在道德修养上注重内心的自省和发自真情实感的"彻悟"，能够推己及人，宽容地看待别人的过失；而西方则从古代就一直注重理性，甚至从知识论的角度来推演道德原则，比如中国人认为不知者不怪，而古希腊圣贤苏格拉底则认为无知作恶比明知故犯还要坏，因为"无知"本身就意味着"恶"，近代德国哲学家康德仍然采取的是"转识成智"的方法，从梳理人类的认识能力入手来挖掘人类道德何以可能的根源。中国人为了"一团和气"，可以"大事化小，小事化了"，西方人则必须论辩出真理究竟在谁的手里；中国人为了对师长的尊重可以放弃自己的见解，西方人则信奉"我爱吾师，我更爱真理"；中国人对他人称"贵"而对自己称"鄙人"是为了获得对方的好感从而争取感情上的贴近，而在西方人看来这些没有丝毫意义；中国人孝敬父母和长辈，对父母之命唯唯诺诺，而西方人即使是对父母的话也一定要分出个高低上下。

五、直觉与逻辑的差异

中国传统思维注重实践经验，注重整体思考，因而借助直觉体悟，即通过静观、体忍、灵感、顿悟的知觉，从总体上模糊而直接地把握认识对象的内在本质和规律。这一点在汉字"视"字中最完整地体现出来，它从"礻"可能与"示"相关，表示高尚、神、仪、礼，因此中国人特别重视视觉，凭直觉觉察到的东西是最实在的东西。儒、道、佛三家都注重直觉体悟宇宙本体。直觉思维对中国哲学、文学、艺术、美学、医学、宗教等的影响尤为深远。西方思维传统注重科学、理性，重视分析、实证，因而必然借助逻辑，在论证、推演中认识事物的本质和规律。古希腊哲学家亚里士多德开创了形式逻辑，提出了整个形式逻辑体系，对人类思维产生了深远的影响，也使逻辑性成为西方思维方式的一大特征。西方人重视认识论与方法论，重视语言分析（包括语法、语义、语用分析），都与西方思维方式的逻辑性密切相关。而汉语语法出现较晚，这从一个侧面反映出中国传统文化中抽象思维不如古印度和古希腊文化，语法规则反映着人类思维的逻辑规律。英语思维重逻辑、分析，汉语思维重悟性、直觉，这使得英汉两种语言在句式结构上差别巨大，即英语重形合而汉语重意合。即英语句子以主谓结构为主干，控制句内各成分之间的关系，其他动词只能采用非限定形式，表示其与谓语动词的区别。英语句子虽然看起来烦琐累赘，实际上则是通过严整的结构表达出一种中心明确、层次清楚的逻辑意念。而汉语句子主要是连动句和流水句，不是突出以说明主语的谓语动词为中心，而是按时间先后顺序的客观事理的推移。陈安定先生举的一个例子可以生动地说明这一区别：The isolation of the rural world because of distance and the lack of transport facilities is compounded by the paucity of information media. 汉语的译文为："因为距离遥远，交通工具缺乏，农村与外界隔绝。这种隔绝又由于通信工具的不足而变得更加严重。"比较这两句，英文句中只有一个主语和一个谓语动词，其他都用名词和介词的形式将句子连成一体；而汉语句子中采用了数个动词按照事理推移的顺序，一件件事交代清楚。如果让初学英语的中国人将这一汉语译文反译回去，常见的英文译文就更加清楚地显露中国人思维的特点了：Because there is a great distance and there are not enough transport facilities, the rural world is isolated. This isolation has become more serious because there are not enough information media. 汉学家王力先生也曾说过："英语是'法治'的，汉语是'人治'的"，"西洋语法是硬的，没有弹性；中国语法是软的，富有弹性。……

所以中国语法以达意为主。"因此,汉语句子意连形不连,英语句子则以形连表意连。

六、具体与抽象的差异

从思维的结构分析,整体思维似乎偏爱具象的思维模式,即人们可能以经验为基础,通过由此及彼的类别联系和意义涵摄,沟通人与人、人与物、人与社会,达到协同效应。而抽象思维是运用概念进行判断、推理的思维活动。从总体上看,传统的中国文化思维具有较强的具象性,而西方文化具有较强的抽象性。具象思维所依托的类比、比喻、象征等思维方式在汉语中被广泛使用,它们不仅是文学中常用的一种艺术手法,也是人们借以交流思想、表情达意的重要工具,对中国文化的影响极其深远。造成中国人具象思维突出的一个主要原因是中国的象形文字。作为象形文字,它的核心是模仿象形以指事会意,而不是笔画的准确无误。英语是拼音文字,以单词形式出现,而单词又是由一个个独立的、可分离的字母按照一定的规律组合而成,因而是可以重新分解的。而且,拼音文字距离形象比较远,是以声音通向语义,自然获得较高的抽象性。心理学的实验证明,象形的汉字对大脑的思维过程发生不同于拼音文字的影响。由于汉字是左右脑均势,促进了负责形象思维的右脑的发展。而拼音文字是左脑优先,促进了负责具象思维的左脑的发展。汉字与拼音文字在"义"与"形"的关系上截然不同,拼音文字中音、义之间没有直接的关系,形、音完全分离;而汉字的形、音、义是统一体,形、义之间的联系强于音、义之间的联系。我们在英语文字上很难在一个单词或短语上直接产生相关的形象感;而只要看到"玫瑰"二字,就能立即产生出玫瑰的形象甚至香味,一看到"雷电"二字,就能立即产生出关于雷电的感受。体现在语言上,汉语用词倾向以实的形式表达虚的概念,以具体的形象表达抽象的内容,不强求语言形式,少用连词,多无主句少被动语态句,行文求全面不怕重复,词句求平衡与对称。例如:知彼知己,百战不殆;不知彼而知己,一胜一负;不知彼不知己,每战必殆(《孙子兵法》)。句中只用了一个连词"而",不用加上以下括号中的连词,因果关系就已很明确了:(若)知彼(而又)知己,(则)百战不殆;(若)不知彼而知己，（则）（将）一胜一负；（若）不知彼（且）不知己，（则）每战必殆。而英语倾向于使用表达同类事物的整体词来表达具体事物或现象，用词倾向于虚，大量使用抽象名词和介词。尤其在现代英语中，出现了介词替代动词、形容词，甚至一些语法结构的现象。试比较以下英汉表达："这本书太难，我看不懂。"译成"The book is above/beyond me."比"The book is too difficult for me to read."显得更简练，生动。"他骑车来此。"句中有两个动词：骑（ride）与来（come）。受汉语思维模式的干扰，英语学习者易将之译为：He rode a bike to come here。但更正确的译法应是：He came here by bike.

七、归纳与演绎的差异

这就是特定的思维模式与语篇组织规律紧密相关的一个典型例子，即有什么样的思维模式，就会有什么样的语篇组织结构。

东方人说话写文章往往表现出把思想发散出去还要收拢回来，落到原来的起点上，这就使话语或语篇结构呈圆形，或呈聚集式。在谈论某个问题时，不是采取直线式或直接切题的做法，而是采取由次要到主要、由背景到任务、从相关信息到话题的发展过程，往往把诸如对别人的要求和意见，以及自己的看法等主要内容或关键问题保留到最后或含而不露，这是一种逐步达到高潮式。而演绎法不仅成为西方学者构建理论体系的一种手段，而且成了西方人比较习惯的一种思维方法。他们谈话写文章习惯开门见山，把话题放在最前面，以引起听话人或读者的重视。正如徐念慈先生所描述的，这是一种逆潮式（anticlimax），其特点是"起笔多突兀，结笔多洒脱"。而中方语篇结构是"起笔多平铺，结笔多圆满"。西文语篇是"果"在前，"因"在后，与中文语篇的"因"在前"果"在后形成鲜明对比。当一个美国商人被问及在谈判时他对这种间接或迂回式的话语方式有何感想时，他回答说："你所需要的全部东西是五个W（what, where, when, why and how）。没有其他什么了。如果你需要的太多，你就会赔钱的。"如果不了解中西思维的这一差异，在语言交往中就会受到影响。若把中国学生以"看电视的坏处"为题所写的作文，与所学的课文"关掉电视，清净一小时"加以对比，可以进一步看出中西这一思维差异对英语写作的影响。多数中国学生以"随着科技的发展，电视机越来越普及"开头,但在英语为母语的民族看来觉得离题,以"我想建议……所有的美国电视台都依法停播60至90分钟"开头,直入主题,在中间部分全是论证关掉电视后会给人们所带来的好处,成直线发展的趋势。中国学生语篇的发展呈螺旋式的趋势,在点题前往往要谈看电视的好处,然后才用"但是"一转,导入正文,而从西方的直线逻辑来看有欠严密清晰。另外,中式的主体思维主观性强烈,在结尾不少学生发出"让我们充分利用电视的好处,克服看电视带来的坏处"的呼吁;而英语民族往往强调"物我分立",追求最大限度的客观性,使读者确信作者并未掺杂个人观点为目标。

第二节 思维方式差异对跨文化交际的影响

一、思维方式的差异对表达和言语的影响

文化是一个与人的存在问题密切相关的大圆圈,这个圆圈的圆心就是某种思维形式。任何文化的本质特征都会通过各自的思维形式反映出来,这是其他一切不同点的基础和来源。"一言而蔽之,东方文化体系的思维模式是综合的,而西方则是分析的。"铃木大拙、弗洛姆把东西方心灵做了一番系统的比较后认为:西方的心灵是分析的、个体的、客观的、普遍化的、概念化的、体系的等。与之相比,东方的特点则可以概述为:综合的、整体化的、主观的、独特的、直观的、非体系的等。有学者认为,东方和西方的思维方式从总体上看具有不同的特征,如东方人偏重人文,注重伦理、道德,西方人偏重自然,注重科学、技术;东方人重悟性、直觉、意象,西方人重理性、逻辑、实证。从主要差别来看,中西思维方式分别属于整体、直觉、具象、归纳思维与分析、逻辑、抽象、演绎思维。而语言是一种社会现象,是人与人的交际工具,也是使人与文化融合一体的媒介。语言随着人类的形成而形成,随着人类社会的发展而发展、变化而变化。语言与人类的社会、文化有着千丝万缕的关系。首先,语言是人类最重要的交际工具,语言在交际中才有生命,人们在使用语言的过程中才会真正学会使用语言。其次,语言是一

个符号系统,由形式和意义两方面组成。再者,语言是人类的思维工具和文化载体,思维依赖语言,语言是思维过程和结果的体现,语言是文化信息的代码,一种语言的历史,也是该民族思维活动和文化发展的历史。另外,语言具有特殊的生理基础。比如说"看"这个字,在汉语里可以说看书,看电影,看见谁。但是在英语里,就要区分,不能说 read a movie,也不能说 watch a paper。在他们的世界里,这两种看是不一样的,衍生开来,在很多其他的事情上,不同的语言环境下的人,在认知和反应上也是大相径庭。

思维方式的差异首先造成的就是言语方式和表达方式的不同。在信息传达上,中国人习惯于形象思维和联想,为了使文章生动、形象,经常使用华丽的辞藻、大量的形容词和丰富的比喻,而且在切入正题之前往往还要运用浓墨重彩的词句来进行很多铺垫。而对于西方人来讲,这种做法只会减弱信息传播的效果,而且往往被认为是空洞和夸大其词。因为西方人的写作风格,特别是英语的写作,比较注重逻辑的紧密和事实的陈述,一般来讲比较低调,即使是一些名人的著名演讲,也没有很多华丽的辞藻。在文风上,中英文也有着不同的表达方式,比如对于记叙文,英语读者习惯于一种以直线式展开占主导地位的思维过程,而那种含蓄委婉、曲径通幽式的文风则只有中国人才会欣赏;对于议论文来说,中国人发达的形象思维对中国风格的议论文产生重大影响,在说理过程中,中国人往往用具体的物象来表达深奥、抽象的道理,这种"取象类比"的方法寓意于喻,使人在获得丰富的联想同时深刻领悟到某种道理。而这种论说方法如果在西方人看来则是"一头雾水",因为西方的议论文所采取的是冷静的逻辑论证,语言朴实、层层推进、结构清晰严谨,而且多用长句子,比如德国的古典哲学家们在写作时,有时一个标题就可以占一页纸。中国的表达和言语方式往往是诗意的,而西方的表达和言语方式则往往是冷静的、逻辑性的。因此,在跨文化交流中必须注意这些中西方的差别。

二、思维方式的差异对人生观、世界观、价值观的影响

人生观是关于人生目的、态度、价值和理想的根本观点。它主要回答什么是人生、人生的意义、怎样实现人生的价值等问题。其具体表现为苦乐观、

荣辱观、生死观等。人生观是一定社会或阶级的意识形态,是一定社会历史条件和社会关系的产物。人生观的形成是在人们实际生活过程中逐步产生和发展起来的,受人们世界观的制约。不同社会或阶级的人们有着不同的人生观。价值观是社会成员用来评价行为、事物,以及从各种可能的目标中选择自己合意目标的准则。价值观通过人们的行为取向及对事物的评价、态度反映出来,是世界观的核心,是驱使人们行为的内部动力。它支配和调节一切社会行为,涉及社会生活的各个领域。

价值观是人们对社会存在的反映。人们所处的自然环境和社会环境,包括人的社会地位和物质生活条件,决定着人们的价值观念。处于相同的自然环境和社会环境的人,会产生基本相同的价值观念,每个社会都有一些共同认可的普遍的价值标准,从而发现普遍一致的或大部分一致的行为定式,或曰社会行为模式。世界观是人对世界总体的看法,包括对自身在世界整体中的地位和作用的看法。又称宇宙观。哲学是其理论表现形式。世界观的基本问题是精神和物质、思维和存在的关系问题,根据对这两者关系的不同回答,划分为两种根本对立的世界观基本类型,即唯心主义世界观和唯物主义世界观。

中西方在人生观和价值观上最明显的不同就是集体主义与个人主义的区别。中国人由于采取整体优先与和谐至上的思维定式,因而认同集体主义。在中国人的社会氛围中,祥和、安宁、合作、顺从始终占主导地位,每个人既依赖和顺从于集体,同时又从集体中获得安全与关照。西方人由于主要采取分析思维与求异思维来看待事物,因而往往看到的是事物的对立面,强调个体与集体的对立和不协调,他们更注重个人的存在、个人的价值和自我的实现,在逻辑上认为他人是自我实现的障碍。西方的民主思想就是建立在这样的思维基础上,他们在逻辑上把"人"隔离出来成为抽象的和孤立的存在,然后又运用"自然法学说"论证"人"应具有的自然权利,而当"人"们在自然权利所赋予的合理追求出现冲突和矛盾时,就以订立"社会契约"的形式加以解决。因而在西方,人们不崇信集体也不崇信任何权威,而认为任何个体都是平等的和崇高的,不论是集体还是权威都是由契约形成的,因而契约思想在西方的社会关系中获得相当广泛的认同。在西方人看来,个人的权利是神圣不可侵犯的，别人对自己的关心爱护有可能被认为是对自己自由的干涉。从这一点出发，西方人的自卫心理和危机意识比较强，他们的冷漠可能是出于对他人的尊重，而中国人的热情却有可能被看作是对其权利和自尊的侵犯。此外，中西方对待科学的态度也是不同的，西方人从总体来说相信那些经过分析方法证明的东西，他们相信科学实验，相信问卷调查结果，而不轻易相信经验和直觉，对于中医学他们可能感到比较神奇，出于冒险和刺激心理，有些人可能会接受如针灸和汤药等中医疗法，但是多数人并不认同中医。

三、思维方式的差异形成不同的行为方式和交往方式

中西方由于思维方式的差异而导致行为方式和交往方式的差异。英语中的"我"不论在任何语法结构中始终是大写的I，而中国人对别人往往自称"在下""不才""敝人"等，这样的说法会令西方人认为你非常不自信，而西方那种直来直去的说话方式也同样会让中国人觉得不舒服。西方人习惯于竞争，喜欢表现自我，崇尚冒险、刺激、新颖、花哨，而中国人则往往觉得西方人的这些表现过于张扬，为人肤浅，没教养。中国人由于注重整体优先的思维方式，人际交往时往往不分你我，工作一起干，吃饭付费谁付都一样，而且往往是抢着付钱，而西方人则是明确地分清是非和你我，不论做什么事情都是"先小人，后君子"，彼此之间保密隐私并不认为是不信任，相反，像中国人那样随便打听别人的收入、年龄和私生活，反而会被认为是极不礼貌的行为。中国人在处理各种事的时候，总是要注重"感情投资"，一旦感情破裂"撕破了脸"就再没有弥补的机会，而西方人可以在意见不合的时候跟你大吵大闹，过后却不再计较，在他们的观念里，真理和感情可以做不同的处理。总之，由于文化背景和思维方式上的差异，中西方人在行为方式和交往方式上的差异比比皆是，不一而足。但是，值得注意的是，随着中西方的交流逐渐增多，中国人和西方人之间的差距也在逐步减小，中国文化正在大量吸收外来文化和西方的思维方式、行为方式，而西方人到中国来之后也能"入乡随俗"，这就给跨文化交流提出新的问题，如果不熟悉这一点，往往也会造成新的误解。此外，伴随西方从现代社会步入后现代社会，很多传统的价

值观和交往方式也正在悄悄发生变化，比如我们都认为西方人很有时间观念，而事实上在一些非正式场合，西方人也不一定如此，这就有可能给中国人带来某种尴尬。因此，所谓跨文化交往的研究也应该动态、宏观地把握，在实际的跨文化交往中，也必须以实事求是的态度来对待各种不同的问题。但是有一点是至关重要的，那就是宽容精神和求同存异的态度，只有这样，才能够以建设性的姿态处理好不同文化背景之间交往与合作的问题。

第四章　跨文化交际与英汉翻译

第一节　文化差异对翻译的影响

翻译不仅是一种语言之间的转换活动，更是一种文化之间的信息交流活动。从某种程度上来看，译者对英汉文化差异的正确解读对翻译的成败起着至关重要的作用。概括来说，文化差异对翻译的影响主要体现在以下两个方面。

一、文化误译

文化误译是由文化误读引起的，是指在本土文化的影响下，习惯性地按自己熟悉的文化理解其他文化。文化误译是中国学生在英汉翻译中经常出现的问题。

【例1】It was a Friday morning; the landlady was cleaning the stairs.

误译：那是一个周五的早晨，女地主正在扫楼梯。

正译：那是一个周五的早晨，女房东正在扫楼梯。

英语文化下的人们有将自己的空房间租给他人的习惯，并且会提供打扫卫生的服务。房屋的男主人被称为 landlord，房屋的女主人被称为 landlady。所以，该例中的 landlady 应译为"女房东"，而不是"女地主"。

【例2】"You're a chicken!" he cried, looking at Tom with contempt.

误译：他不屑地看着汤姆，喊道："你是个小鸡！"

正译：他不屑地看着汤姆，喊道："你是个胆小鬼！"

大多数中国学生都会将 chicken 译为"小鸡"，这是因为汉语中只有"胆小如鼠"一说,并无"胆小如鸡"的概念。事实上,英语中的 chicken 除本义外,还可用来喻指"胆小怕事的人""胆小鬼",故"You're a chicken!"的正确译文是"你是个胆小鬼"。

【例3】John can be relied on, he eats no fish and plays the game.

误译:约翰为人可靠,一向不吃鱼,常玩游戏。

正译:约翰为人可靠,既忠诚又守规矩。

该例中的 eats no fish 与 plays the game 的字面意思为"不吃鱼""经常玩游戏",但在这句话中显然是讲不通的。实际上,这两个短语都有其特定的含义。英国女王伊丽莎白一世规定了英国国教的教义和仪式,部分支持此举的教徒便不再遵循罗马天主教周五必定吃鱼的规定,于是"不吃鱼"(eat no fish)的教徒就被认为是"忠诚的人"。而玩游戏的时候总是需要遵守一定的规则,因此 play the game 也意味着必须守规矩(follow principles)。不了解这些文化背景,想要正确地翻译是不可能的。

可见,在英汉翻译时应根据具体语境,并结合文化背景,准确地理解原文的含义,然后选择恰当的翻译技巧进行翻译,切忌望文生义。

二、翻译空缺

翻译空缺是指任何语言间或语言内的交际都不可能完全准确、对等。更何况英语、汉语分属不同的语系,翻译的空缺现象在英汉语言交际中表现得尤为明显,给翻译的顺利进行带来了障碍。英汉翻译中常见的空缺有词汇空缺和语义空缺两大类。

(一)词汇空缺

尽管不同语言之间存在一定的共性,但也存在各自的特性。这些特性渗透到词汇上,就会造成不同语言之间概念表达的不对应。这和译者所处的地理位置、自然环境,所习惯的生活方式、社会生活等相关。

有些词汇空缺是因生活环境的不同而产生的。例如,中国是农业大国,大米是中国南方主要的粮食,因此汉语对不同生长阶段的大米有不同的称呼,如长在田里的叫"水稻",脱粒的叫"大米",煮熟的叫"米饭"。而在英语文化下,不论是"水稻""大米"还是"米饭"都叫 rice。

语言是不断变化发展的,随着社会的发展、科技的进步,新词汇层出不穷。例如,1957 年 10 月第一颗人造地球卫星发射成功后就出现了 Sputnik 一词,而该词随即在世界各国的语言中出现了词汇空缺。再如,1967 年 7 月,当美国宇航员登上月球后,英语中首次出现了 mooncraft(月球飞船)、moon bounce(月球弹跳)、lunar soil(月壤)、lunar dust(月尘)等词,这也一度成为各国语言的词汇空缺。

因此,在英汉翻译中要特别注重词汇空缺现象,要认真揣摩由词汇空缺带来的文化冲突,采用灵活的翻译方法化解矛盾,翻译出优秀的文章。

(二)语义空缺

语义空缺是指不同语言中表达同一概念的词语虽然看起来字面含义相同,但实际上存在不同的文化内涵。以英汉两种语言中的色彩词为例,它们在大多数情况下都具有相同的意思,但在某些场合,表达相同颜色的英汉色彩词却被赋予了不同含义。例如:

black and blue　青一块,紫一块

brown bread　黑面包

green-eyed　眼红

black tea　红茶

brown sugar　红糖

turn purple with rage　气得脸色发青

因此,在英汉翻译中要注意语义空缺现象,遇到空缺时尽量寻求深层语义的对应,而不是词语表面的对应。

需要说明的是,语义空缺还表现在语义涵盖面的不重合,即在不同的语言中,表达同一概念的词语可能因为语言发出者、语言场合等的不同而产生不同的含义。例如,英语中 flower 除了做名词表示"花朵"以外,还可以做动词表示"开花""用花装饰""旺盛"等含义,而这种用法是汉语中的"花"所没有的。相应地,汉语中的"花"做动词时常表示"花钱""花费"等含义,这也是英语中的 flower 所没有的。可见,虽然英语中的 flower 和汉语中的"花"表达的基本语义相同,但在具体使用中,两者差别极大。因此,应注意词语

在语言交际中产生的实际语义,从而在翻译时实现语义空缺的弥合。

第二节 文化翻译的原则与策略

一、文化翻译的原则

很多人都误认为翻译是一种纯粹的实践活动,根本不需要遵循任何原则,并提出了"译学无成规"的说法。还有不少人认为,"翻译是一门科学,有其理论原则"。金隄和奈达在他们合编的《论翻译》中指出,实际上每一个人的翻译实践都有一些原则指导,区别在于自觉与不自觉,在于那些原则是否符合客观规律。

翻译原则是翻译实践的科学依据,是一种客观存在。历史上大量的翻译实践也证明,合理地使用翻译原则指导翻译实践活动将会收到事半功倍的效果。

基于文化差异下的翻译活动也必须遵循一定的原则。

奈达在《语言文化与翻译》中提出,翻译中的文化因素应该受到更多的重视,他进一步发展了"功能对等"理论。当奈达把文化看作一个符号系统的时候,文化在翻译中获得了与语言相当的地位。翻译不仅是语言的,更是文化的。因为翻译是随着文化之间的交流而产生和发展的,其任务就是把一种民族的文化传播到另一种民族的文化中去。因此,翻译是两种文化之间交流的桥梁。据此,有学者从跨文化的角度把翻译原则归结为"文化再现",包括如下两个方面。

(一)再现源语文化的特色

【例】贾芸对卜世仁说:"巧媳妇做不出没有米的粥,叫我怎么办呢?"(曹雪芹《红楼梦》)

译文1:Even the cleverest housewife can't cook a meal without rice.What do you expect me to do?(杨宪益、戴乃迭译)

译文2:…And I don't see what I am supposed to do without any capital.

Even the cleverest housewife can't make bread without flour.(霍克斯译)

该例中,"巧媳妇做不出没有米的粥"就是我们的俗语"巧妇难为无米之炊",意思是即使聪明能干的人,如果做事缺少必要条件,也是难以办成的。译文 1 中,译者保存了原作中"米"的文化概念,再现了源语的民族文化特色,符合作品的社会文化背景。译文 2 中,"没米的粥"译成没有面粉的面包(bread without flour),译者的出发点是考虑到西方人的传统食物是以面包为主,故将"米"转译成"面粉"(flour),有利于西方读者接受和理解,虽然西式面包与整个作品中表达的中国传统文化氛围不协调,在一定程度上损害了原作的民族文化特色,可是译文却能够传达原文的文化内涵:即使聪明能干的人,如果做事缺少必要条件,也是难以办成的。这也提高了译文的可接受性,是值得提倡的。

(二)再现源语文化的信息

【例 1】It was Friday and soon they'd go out and get drunk.

星期五到了,他们马上就会出去喝得酩酊大醉。

尽管该译文看上去与原文对应,但读者看到后肯定会感到不知所云,为什么星期五到了,人们就会出去买醉呢?很显然这句话承载着深层的文化信息:在英国,周五是发薪水的固定日期,所以到了这一天,人们领完工资之后就会出去大喝一顿。译者在翻译时不妨将周五具体化,加上其蕴含的文化信息,可把这句话译为"星期五发薪日子到了,他们马上就会出去喝得酩酊大醉"。如此一来,使 Friday 一词在特定的语境中所承载的文化信息得以完整地传递。

二、文化翻译的策略

在跨文化翻译过程中,干扰翻译的因素有很多,这就需要译者灵活地处理,运用恰当的翻译策略。

(一)归化策略

归化策略是指以译语文化为归宿的翻译策略。归化策略始终恪守本民族文化的语言习惯传统,回归本民族语言地道的表达方式,要求译者向目的语读者靠拢，采取目的语读者所习惯的表达方式来传达原文的内容，即使用一种自然、流畅的本民族语表达方式来展现译语的风格、特点。归化策略的优点在于可以使译文读起来比较地道和生动。例如，as poor as a church mouse 译为"穷得如叫花子"，而不是"穷得像教堂里的耗子"。

另外，对于一些蕴含着丰富的民族文化信息和悠久文化传统的成语与典故，也可采用归化翻译策略。例如：

Where there is a will, there is a way. 有志者，事竟成。
Make hay while the sun shines. 趁热打铁。
There is no smoke without fire. 无风不起浪。
To seek a hare in hen's nest. 缘木求鱼。
Fools rush in where angels fear to tread. 初生牛犊不怕虎。
One boy is a boy, two boys half a boy, three boys no boy. 一个和尚挑水吃，两个和尚抬水吃，三个和尚没水吃。

当然，归化翻译策略也存在着一定的缺陷，即它滤掉了原文的语言形式，只留下了原文的意思。这样译语读者就很有可能漏掉一些有价值的东西。如果每次遇到文化因素的翻译，译者都只在译语中寻找熟悉的表达方式，那么译文读者将不会了解源语文化中那些新鲜的、不同于自己文化的东西。长此以往，不同文化之间就很难相互了解和沟通。

以霍克斯对《红楼梦》的翻译为例，从其译文中可以感受到好像故事发生在英语国家一样，具有很强的可读性，且促进了《红楼梦》在英语国家的传播，但其也改变了《红楼梦》里丰富的中国传统文化内涵。

（二）异化策略

异化是相对于"归化"而言的，是指在翻译时迁就外来文化的语言特点，吸纳外来语言的表达方式，要求译者向作者靠拢，采取相应于作者所使用的源语表达方式来传达原文的内容。简单地说，异化即保存原文的"原汁原味"。异化策略的优势是，它为译语文化注入了新鲜的血液，丰富了译语的表达，也利于增长译文读者的见识，促进各国文化之间的交流。

【例】As the last straw breaks the laden camel's back, this piece of underground information crushed the sinking spirits of Mr.Dombey.

正如压垮负重骆驼脊梁的最后一根稻草，这则秘密的信息把董贝先生低沉的情绪压到了最低点。

将原文中的习语 the last straw breaks the laden camel's back 照直译出，不仅可以使汉语读者完全理解，还能了解英语中原来还有这样的表达方式。

（三）归化与异化相结合策略

作为跨文化翻译的两个重要策略，归化与异化同直译与意译一样，属于"二元对立"的关系，两者有各自适用的范围和存在的理由，然而没有任何一个文本能够只用归化策略或者异化策略就能翻译，因此只强调任意一种是不完善的，只有将归化和异化并用，才能更好地翻译。归化与异化相结合策略有利于中国文化的传播。随着中国在经济与政治上的强大和全球一体化的深入，世界文化交流日益加强，中西文化的强弱被渐渐地淡化。翻译家越来越尊重源语的文化传统，采用"异化"翻译，尽可能地保留源语文化意象。例如，北京奥运会吉祥物"福娃"的国际译名，经过多方的商议，最终由 Friendlies 更改为 Fuwa。

（四）文化调停策略

文化调停策略是指省去部分或全部文化因素不译，直接译出原文的深层含义。文化调停策略的优势是，译文通俗易懂，可读性强。当然，文化调停策略也存在一定的缺陷，即不能保留文化意象，不利于文化的沟通和交流。

第三节　英汉翻译的基本技巧

英汉翻译技巧是英汉翻译研究的一个重要内容，但目前还没有哪个技巧是完全行之有效的。本节仅介绍目前较常见的英汉翻译技巧，以期为英汉翻译者的翻译活动提供些许参考。具体采用哪种技巧，还需要根据具体情况而定。

一、词汇的翻译技巧

（一）词类转换法

所谓词类转换法，是指翻译时在保持原文内容不变的前提下，改变原文中某些词的词类，以使译文通顺自然，合乎译入语的表达习惯。常见的词类转换方式有转译成动词、转译成名词、转译成形容词。

1. 转译成动词

（1）名词转译成动词。

【例1】The sight of the boy reminds me of his passed father.

看到那个男孩，使我想起了他已故的父亲。

原句中的名词 sight 被译为动词"看到"。

【例2】International trade is the exchange of goods and services produced in one country for goods and services produced in another.

国际贸易就是将一个国家生产的商品和提供的服务与另一个国家生产的商品和提供的服务进行交换。

原句中的名词 exchange 被转译为"交换"。

【例3】Talking with his young neighbor, the old man was the forgiver of the young man's past wrong doings.

在和年轻的邻居谈话时，老人宽恕了年轻人过去的过失。

在各个行业中，没有一种职业是原谅。因此，这里的 forgiver 被译为"宽恕"，十分贴切。

（2）形容词转译成动词。

【例】To my great surprise, I became aware of a surfer off the shore, patiently padding his board while he is waiting for a perfect wave.

令我吃惊的是，我看见一个冲浪者离岸很远，耐心地踏着滑板，等待一个最理想的浪头。

原句中的形容词 aware 被译为"看见"。

（3）副词转译成动词。

【例】Families upstairs have to carry pails to the hydrant downstairs for water.

住在楼上的人家得提着水桶去楼下的水龙头打水。

原句中的 upstairs 和 downstairs 被分别译为"住在楼上"和"去楼下"。

（4）介词转译成动词。

【例】This is the key to the window.Open the window to escape in case of fire.

这是打开窗户上锁头的钥匙。如果遇到火灾，打开窗户逃走。

原句中的介词 to 和 in case of 被巧妙地翻译成汉语的动词"打开"和"遇到"。

2.转译成名词

可以将原文中的词类转译成译文中的名词的情况主要有下面几种。

（1）英语中含有很多由名词派生出来的动词及名词转用动词，当其在汉语中很难找到对应的动词时，就可以将其转译成汉语名词。

【例】To them, he personified the absolute power.

在他们看来，他就是绝对权威的化身。

原句中的 personified 是由名词派生而来的动词，所以译文可以仍保留其名词意义，即"象征"。

（2）一些英语被动句中的动词可以译为"受（遭）到……+名词""予（加）……+名词"结构。

【例】Satellites must be closely watched, for they are constantly being tugged by the gravitational attraction of the sun, moon and earth.

由于经常受太阳、月亮和地球引力的影响，所以卫星活动必须予以严密的监控。

原句中的 be closely watched 被译为"予以严密的监控"。

（3）英语中一些形容词在特定的上下文中，一般可译为名词，一些形容词加定冠词可以表示某个种类，也可译为汉语中的名词。

【例1】They did their best to help the poor and the sick.

他们尽了最大的努力帮助穷人和病人。

原文中的 the poor and the sick 被译为名词"穷人和病人"。

【例2】Tom was eloquent and elegant — but soft.

汤姆有口才、有风度，但很软弱。

原句中的两个形容词 eloquent 和 elegant 被分别译为名词"口才"和"风度"。

3. 转译成形容词

英语中由形容词派生的名词可以转译成形容词。

【例1】The spokesman admitted the feasibility of the American proposals.

发言人承认，美国的建议是可取的。

原句中的名词 feasibility 被译为形容词"可取的"。

【例2】She is a stranger to the operation of the helicopter.

她对直升机的操作很陌生。

原句中的名词 stranger 被译为形容词"陌生"。

（二）增词法与减词法

1. 增词法

所谓增词法，是指在原文的基础上增加必要的词、词组、分句或完整的句子，以使译文在语义、语法、语言形式上符合译文习惯，在文化背景、词语连贯上与原文一致，使文字更加清楚。通常，增词可用于下面几种情况。

（1）因语法需要而增词。

【例1】Flowers and trees are all over the school campus.

朵朵鲜花、棵棵树木长满了校园。

译文中的"朵朵""棵棵"表示复数概念，这里是根据语法需要而增加的词。

【例2】Look before you leap.

三思而后行。

这里的"三思"表示经过多次思考后，再做决定。

【例3】The professor had taught the girl to write paper and the girl loved her.

原来教授教会了女孩写论文，所以女孩喜欢她。

译文中增加了表示过去的时间状语"原来"。

【例4】Their host carved, poured, served, cut bread, talked, laughed, proposed health.

主人又是雕刻造型啊,又是倒酒啊,又是上菜啊,又是切面包啊,说啊,笑啊,敬酒啊,忙个不停。

译文中增加了多个"啊"字,表示主人热情好客、忙个不停的场景。

【例5】Apart from a brief interlude of peace, the war lasted nine years.

除了一段短暂的和平,那场战争持续了九年。

译文中增加了量词"段"。

【例6】The Americans and the Russians have undergone a series of secret consultations.

美俄双方已进行了一系列的秘密磋商。

译文中增加了"双方"一词,使语言更加流畅,更符合汉语的表达习惯。

【例7】There are tears for his love; joy for his fortune; honor for his valor; death for his ambition.

用眼泪回报他的爱;用欢乐庆贺他的幸运;用荣誉赞美他的勇猛;用死亡遏制他的野心。

该例的原文均省略了 there is(are),而译者为了使句子意思更加完整,语言更加通顺,增加了"用"这一谓语动词。

(2)为意义表达清晰而增词。

【例1】He was about to become, for lack of anyone or anything better, a very influential intellectual —— the wrong man at a wrong place with the wrong idea.

因为找不到比他更好的人,也没有更好的办法,于是他就要成为一个很有影响的知识分子了,这真是在错误的地方任用错误的人去实行错误的主张。

原文名词词组 the wrong man at a wrong place with the wrong idea 之前增加了动词"在""任用"和"实行",使整个句子更连贯。

【例2】The sky is clear blue now; the sun has flung diamonds down on the meadow and the bank and the woods.

此时已是万里蓝天,太阳把颗颗光彩夺目的钻石洒向草原,洒向河岸,洒向树林。

译文中增加了形容词"光彩夺目的",用来修饰钻石。

【例3】She is not born for wifing and mothering.

她这个人天生不是做贤妻良母的料。

译文中增加了名词"料"。

【例4】His wife thinks that this furniture is too expensive, moreover looks very ugly.

他妻子认为,这件家具价格昂贵而且外表难看。

译文中增加了名词"价格"。

【例5】Both sides are willing to hold face-to-face talks in order to ease tension.

双方都愿意举行面对面的会谈以缓和紧张局势。

译文中抽象名词"紧张"之后增加了名词"局势",使整个译文读起来更加顺畅。

2. 减词法

所谓减词法,是指将原文中需要而译文中不需要的词去掉。减词法一般可以用于以下几种情况。

(1) 因语法需要而减词。

【例1】We live and learn.

活到老,学到老。

译文中用省略号指人称代词 We。

【例2】He put his hands into his pockets and then shrugged his shoulders.

他把……双手放在……口袋里,然后耸了耸……肩。

译文中用三个省略号表示三次省略了代词 his。

【例3】Early to bed and early to rise is the way to be healthy and wise.

早睡早起使人健康聪明。

译文中两次省略并列连词 and。

【例4】We knew spring was coming as we had seen a robin.

我们看见了一只知更鸟,知晓春天快要到了。

译文中省略表示原因的连接词 as。

【例5】If winter comes, can spring be far behind?

冬天来了,春天还会远吗?

译文中省略了表示条件的连接词 If。

【例6】Change one's mind the moment when one sees the new.

见异思迁。

译文中省略了表示时间的连接词 when。

【例7】He left without saying a word.

他一句话都没说就走了。

当不定冠词表示数量"一"时,译文不可以省略。

(2)因修辞需要而减词。

【例1】Temperatures range from 50℃ in the daytime to-10℃ at night and often it does not rain for a whole year or longer.

昼夜温差很大,白天最高气温高达到 50℃,夜晚最低则低至零下 10℃,而且常常一年到头不下雨。

在本例中,for a whole year or long 直接译为"一年到头"即可。

【例2】此时,鲁小姐卸了浓妆,换了几件雅淡衣服,蘧公孙举眼细看,真有沉鱼落雁之容,闭月羞花之貌。

By this time Miss Lu had changed out of her ceremonial dress into an ordinary gown, and then Qu looked at her closely, he saw that her beauty would put the flowers to shame.

该例中的"沉鱼落雁之容,闭月羞花之貌"对仗工整,结构匀称,读起来音韵之美十足,所以译文为了保留其原来的语言特征,将其译为 her beauty would put the flowers to shame,而对"沉鱼""落雁""闭月"省略不译。

【例3】他的家里很穷,但是他从小就认真读书,刻苦学习。

His family was very poor, but he worked hard at his studies even in early childhood.

该例中的"认真读书"和"刻苦学习"指的是同一个意思,所以没必要一一译出。

（三）音译法

将原文的发音直接转换成译入语里相同或相近的语音，这种方法称为"音译法"。音译法多用于下列词语的翻译。

（1）翻译专有名词。例如：

Britain　不列颠

Diana　黛安娜

William　威廉

（2）翻译外来商品。例如：

Coca-cola　可口可乐

Giant　捷安特

Sprite　雪碧

（3）翻译新词。例如：

Beatles　披头士（甲壳虫）

club　俱乐部

humor　幽默

morphine　吗啡

Simmons　席梦思

二、语篇的翻译技巧

（一）段内衔接

由于英语、汉语之间的差异性，所以译者不能对原文段落中的句子进行死译，这样会造成文章的逻辑线索或脉络混乱、不清晰，译文有如断线残珠，四下散落。

每一个连贯的语篇都有其内在的逻辑结构。因此，译者在翻译时也需要对语篇脉络进行分析，将语篇中的概念进行连接整合，进而使译文能够逻辑清晰、顺序明确。

在具体的语篇翻译过程中，译者可以选择不同的技巧处理其内部的衔接与整合。

1. 替代与重复译法

英语段落一般依靠词语的替代来进行句子与句子之间的呼应，即使用代词、同义词、近义词以及代替句型等来替换前文出现过的词语；而在汉语中，句与句之间的呼应往往用重复的词语来完成。因此，在英译汉时，译者应对原文中替代的部分采用重复的手法进行翻译，即通过重复实现译文的段内衔接。

【例】Wrought iron is almost pure iron.It is not frequently found in the school shop because of its high cost.It forges well, can easily be bent hot or cold, and can be welded.

熟铁几乎就是纯铁。熟铁在校办工厂里不太常见，因为价格很贵。熟铁好锻，很容易热弯和冷弯，还能够焊接。

在该例的原文中，代词 It 替代了 Wrought iron，实现了句子之间的衔接。在译文中，译者通过重复的手法进行句子之间的衔接，即重复使用"熟铁"这一词语。

2. 连接性词语或词组的译法

在对篇章结构进行梳理的过程中，译者通常会发现很多连接性词语或词组。对具有连接作用的词语或词组进行分析可以更好地理顺文章脉络，因此掌握这些词语或词组的译法非常有必要。

英语中包含大量的连接性词语或词组。

（1）表示举例或特指的 for example、for instance、in particular、specially 等。

（2）表示转折的 but、however、nevertheless 等。

（3）表示频率的 often、frequently、day after day 等。

（4）表示方向的 forwards、backwards、in front of、behind 等。

通过这些连接性词语或词组的使用实现段内或段落之间的衔接与连贯。对于这些词语或词组的译法没有统一的标准，有时会出现一词多译的现象，翻译时译者要根据上下文以及译入语的表达习惯进行灵活翻译。

3. 省略部分的译法

省略现象在英汉两种语言中都很常见。通常情况下，英语按语法形式进行省略，如省略名词、动词、表语、主谓一致时的主语或谓语等。汉语则往往按上下文的意义进行省略，包括省略主语、谓语、动词、关联词、中心语和领属词等。

相对于英语而言，汉语的省略现象非常普遍，且其省略标准很复杂，不易掌握。汉语中的一些省略现象实际上并不能算是省略，如果将其"省略"的部分补充上，语句反而会显得别扭，但是在汉译英时一般要将这些省略的部分补充上。由于英语属于重形合的语言，而汉语属于重意合的语言，因此从英汉对比的角度看，英译汉时，许多英语原文中省略的部分，在相应汉语译文中就不能省略。

【例】A man may usually be known by the books he reads as well as by the company he keeps: for there is a companionship of books as well as of men; and one should always live in the best company, whether it be of book or of men.

要了解一个人，可以看他交什么样的朋友，可以看他看什么样的书，因为有的人跟人交朋友，有的人跟书交朋友，但不管跟人交朋友还是跟书交朋友，都应该交好朋友。

该例原文中共有四处省略现象。第一处省略了谓语 be known，第二处省略了名词短语 a companionship，第三处和第四处省略了名词短语 the best company。这些省略均是语法层面的省略。对应汉语译文中将这些省略的部分都补充了出来，使译文读起来更为通顺、流畅。

（二）段际连贯

语言片段以语篇意向为主线所形成的语义、逻辑上的连贯性称作"段际连贯"。同段内衔接一样，段际连贯也可以通过替代、重复、连接词的使用、省略等手段实现，也可以通过一定的时空、逻辑关系的贯通来实现。因此，译者在翻译的过程中必须把每个词、每句话都放在语篇语境中加以考虑，正确推断上下文的逻辑关系，领会作者的意图，适当遣词，从而保证译文的意思清晰、明了。

【例】When I first started to look into the origins of the symbol, I asked a Turk about the history of their flag…

As an explanation, however, this is at odds with astronomical data…

The rejection of this hypothesis on astronomical grounds is strongly supported by historical information that…

Going back in time, the next set of three hypotheses involves the fall of Constantinople on 29 May 1453…

The astronomical explanation associating the star and crescent with the fall of Constantinople must all be wrong.But there is also strong evidence for the use of the symbol throughout the Middle East at least as far back as the founding of Islam.For example…

我在开始研究星月图案起源的时候就曾问过一个土耳其的学生，他们国旗上星月图案的由来……

但是，这位学生的说法和天文资料的记载不太一样。据天文资料记载……

从这一资料的记载可以断定，这位土耳其学生的说法不成立……

从历史上看，人们对星月图案还有三种说法，均与1453年5月29日君士坦丁堡的陷落有关……

将星月图案的出现与君士坦丁堡的陷落联系在一起就是牵强附会。有确凿的证据表示：星月图案在整个中东地区的出现至少能追溯到伊斯兰教诞生之前。例如……

该例原文中使用了替代的手法来实现各段之间的衔接，如用 the symbol 替代 the star and crescent，用 this、this hypothesis 来替代 the origins of the symbol。其译文主要是靠重复的手段实现文章的连贯。

需要指出的是，为了使译文条理更加清晰，易于译入语读者理解，译者需要改变原文的结构形式，对原文的段落进行适度的拆分与合并。

【例】He was a little man, barely five feet tall, with a narrow chest and one shoulder higher than the other and he was thin almost to emaciation.He had a crooked nose, but a fine brow and his color was fresh.His eyes, though small, were blue, lively and penetrating.He was natty in his dress.He wore a small blond wig, a black tie, and a shirt with ruffles round the throat and wrists; a coat breeches and waistcoat of fine cloth, gray silk stockings and shoes with silver buckles.He carried his three-cornered hat under his arm and in his hand a gold-headed cane.He walked every day; rain or fine, for exactly one hour, but if the weather was threatening, his servant walked behind him with a big umbrella.

他个头矮小，长不过五尺，孤苦伶仃，身板细窄，且一肩高一肩低。他长着一副鹰钩鼻子，眉目还算清秀，气色也还好，一双蓝眼睛不大，却迥然有神。他头戴金色发套，衣着非常整洁：皱边的白衬衣配一条黑色领带，质地讲究的马甲外配笔挺的套装，脚着深色丝袜和带白扣的皮鞋。他腋下夹顶三角帽，手上拄根金头拐杖，天天散步一小时，风雨无阻。当然，落雨下雪时自有仆人亦步亦趋，为他撑伞。

在翻译该语段时，如果译者不能对原文重新进行分段整合，那么译文的条理就会非常混乱，进而妨碍读者对原文的理解。基于此，译者对原文进行了适当的分段处理，将"他"的外貌描写作为一段，将"他"的行为描写作为另一段，这样就可以使译文的层次更加分明，条理更加清楚。

（三）语域一致

语域即语言因使用的场合、交际关系、目的等的不同而产生的语言变体，其主要涉及口头语与书面语、正式用语与非正式用语、礼貌用语与非礼貌用语等方面。

语域是篇章翻译中不可或缺的一个内容，一篇好的译文既要将原文的意义准确、完整地译出来，又要恰当地再现原文的语域特点。例如，给不同的人写信，语气就不相同，因此写信人与收信人的亲疏关系就可以从信的字里行间透露出来。译者在翻译过程中应该了解与把握这种语域区别，以便准确地再现原文的意图。

【例】

Dear Peter,

Sorry to trouble you, but I've got a bit of a problem with that necklace I lost.They've found it but don't want to send it back — they expect me to come and pick it if you please!I've written to their head office in London, but do you think there would be any chance of your picking it up for me next time you're in Brighton on business?If you can do it, phone me in advance so that I can authorize them to give it to you.You'd think it was the Crown Jewels, the way they're carrying on!

Best wishes.

Mary

亲爱的彼得：

麻烦你一件事，我遗失的项链出了个小问题。他们已经找到，但不愿寄给我——让我自己去取，竟有这事！我已经写信到伦敦总店，但不知你下次到布莱顿出差时是否可以帮我代取一下？如可行，事先给我个电话，我好授权让他们交给你。他们煞有介事，你准以为是凤冠霞帔呢！

安好

玛丽

该信函使用了非正式的格式，语气平易亲切，句法口语化，简单易懂。由此可见，这封信是写给朋友的。因而，译文中也使用了口语化的语言，以实现原文的表达效果。

如果原文是正式的公函，那么在翻译时就要使用正式的语言表达方式。

【例2】

Dear Sirs,

You will be interested to hear that we have recently developed a new kind of bicycle, which is selling very strongly on the home market.

Because of its success in this country, we thought there might be sales potential abroad, and we would welcome your advice as to whether, in your opinion, there is a market in your district.

If you agree, we shall be glad to supply you with our samples for you to show to customers. You will find enclosed an order form in case you wish to make an immediate order.

We look forward to hearing from you soon.

Yours faithfully

敬启者：

相信您会有兴趣了解我们近期开发的新型自行车，这种新型自行车目前在国内市场上极为畅销。

由于国内市场的成功，我们认为它在国外市场亦具有销售潜力。我们愿意知道您认为此项产品在贵区域是否有良好的销路。

如果贵公司同意,我们很高兴提供样品,以便您向顾客展示。若是您愿意立即订购,请利用随函所附的订购单。

期盼您的快速回音。

敬上

这是一篇正式的商务公函,所以译文也采用了正式的措辞方式,以准确传达原文的语气。

通过上面的分析可以得知,在进行具体的语篇翻译实践过程中,译者既要强调英汉两种语言在句式和篇章结构等方面的差异,又要注意对文章中字词句的翻译,从整体上把握语篇的连贯性和语域等问题。这样两手兼顾,才能翻译出符合译入语语言习惯的译文。

第五章 英汉翻译的前提——英汉语言对比

比较是人类认识事物、研究事物的一种基本方法,也是语言学研究的一种基本方法;而对比则是一种更侧重于不同之处的比较。在应用方面,对比语言学对于外语教学、翻译的编撰等都有着直接的指导意义。英汉语言对比是语言学的一个分支学科,它兼有理论语言学和应用语言学的特征。本章主要分析英汉语言对比,分别从英汉词汇、句法和语篇对比进行论述。

第一节 英汉词汇对比

一、词汇形态学对比

(一)词汇形态学对比的特点

词汇形态学对比可在词的形态系统和结构的基础上进行。首先,就整个词汇系统来说,可从词的形态结构的角度来对比两个词汇系统的构成特点,如,词汇中单纯词、派生词和复合词各占多少。然后,可以从历时和共时两个角度对比两种语言中的派生词和复合词的类型和特点,如词缀的源头、新出现的词缀及其原因,派生的方式和作用有什么不同,复合词的结构方式有什么不同,等等。最后,还可对比具有相同功能的黏着语素在两种语言中的构词能力有什么不同。

就汉语而言,词的第一个特征不如英语明显。首先,在书写形式上汉语中的词并不像英语那样在句中分开书写,因而没有明显的书写思想标志。其次,汉语中某些语素可以互换位置而组成不同的词,如"算盘"与"盘算","平生"和"生平"等等。

词汇形态学着重研究词本身的内部形态结构。比词更小的基本结构单位是语素。能独立成词的语素称为自由语素，不能独立成词的称为黏着语素。一个词种的语素可以根据所表达的词义的性质和构词作用的不同分为两大类：一类语素构成词的基础部分，称作词根；另一类语素是添加在词根上的附加成分，称作词缀。根据词的构成特征，词可分为三类：单纯词（由单个词根构成的词），派生词（由一个词根与一个或几个词缀构成）和复合词（含两个或两个以上的词根）。派生词和复合词可统称为合成词。词汇形态学主要研究词的派生和复合两种形式。

根据语言的词汇形态特征，有孤立语、黏着语、屈折语和多式综合语四种主要类型。黏着语和屈折语又可统称为综合语。在孤立语中，每个词只由一个语素构成。在黏着语和屈折语中，一个词通常由一个以上的语素构成，两者之间的差别在于语素之间的结合方式不同。在黏着语中，语素之间的界线总是很分明；而在屈折语中却没有如此分明的界线。

一般说来，汉语更接近于孤立语。与欧洲其他语言相比，英语的词汇形态也偏向于孤立语，但与汉语相比，却更偏向于综合语。综合语的特点是词缀丰富。就单纯词、派生词和复合词在英汉语言词汇中所占的比例来说，派生词在英语中的比例要比汉语高，而复合词的比例在汉语中要比在英语中高。

（二）英汉词汇构词法的对比

1. 重叠构词法对比

重叠构词法在汉语中是能产型的，名词、动词、形容词、量词等不同词类的词中都有一部分可以重叠。英语则很少利用重叠构词法。该方法是使用一个单音节的词汇材料重复出现并先后连接起来，表示一种不同于原词汇材料的新义，造成新词。这新义可分为五类。虽然英语很少利用重叠构词法，但是其中有两类是和英语的加缀派生法有着异曲同工之妙的。

第一类，意义的新在于带上了口语色彩。出现这类新义的词大多是可用于面称及旁称的亲属称谓。英语中能起类似作用的表人的后缀有 -ie 和 -y，例如：

妈（mum）→妈妈（mummy）

爹（dad）→爹爹（daddy）

姑（aunt）→姑姑（auntie）

从形式方面看，汉语造成叠音形式，英语由单音节变成双音节，都是由于要适应词形双音化的习惯心理，容易上口。

第二类新在于添加了"多"之意，英语中能起类似作用的后缀是 -s，例如：

星（star）→星星（stars）

本（book）→本本（books）

套（set）→套套（sets）

2. 复合构词法对比

一般说来，英汉复合词的构词体系，按其词类不同，都有以下几种分类。

（1）复合名词

（2）复合形容词

（3）复合动词

（4）复合副词

但英语中还有复合代词，这些复合代词相当于汉语中的复合名词或名词词组，例如：

himself 他自己

somebody 某人

anything 任何事情

everything 凡事

而有的可用一个汉语短语来表达，例如，

nothing 什么东西也没有或没有什么

此外，英语还有复合介词，有些相当于汉语的一个短语，例如：

inside 在……内

outside 在……外

有些相当于汉语的一个复合词，例如，

into 进入……

out of 出自

英语中的介词是弱化了的动词，其词化程度相对于汉语而言通常较高。

从词与词之间的关系看,英汉复合名词都有以下几种类型:

(1)偏正

(2)动宾

(3)主谓

但汉语中还有联合型和补充型。汉语的联合型和补充型复合词绝大多数与英语的单纯词或派生词相对应,这是因为英语的词缀丰富。例如:

令人厌恶　odious/abominable/disgusting

矛盾　contradiction/contradictory

延长　lengthen/prolonging/extend

人口　population

其他三种类型的复合词,汉语的也不一定能在英语中找到对应的复合词,有些只能是或可以是单纯词或派生词,这是英汉的差异,原因是英语的语义包容量较大。这里值得一提的是英语中有一种结合型的复合名词与汉语中偏正型复合名词相类似。结合型仅仅是形态结合词,它的结合是用一个起连接作用的中缀来把两个或两个以上的词或词根紧紧地连缀在一起。例如:

(1)用辅音字母 -s- 来连缀的:

helmsman　舵手　　　　salesman　售货员

draftsman　制图员　　　sportsman　运动员

townspeople　都市居民

以上是名词所有格部分消失后形成的结构。

(2)用元音字母 -o- 来连缀的:

speedometer　速度计　　thermocouple　热电耦

(3)用元音字母 -i- 来连缀的:

curviline　曲线　　　　tubiform　管状

后两者是为了方便读音。

3.缩略构词法对比

应该说汉语也有缩略构词法,缩略而成的词如"北大"两个成分(两个字)之间很难说存在着词与词的某种组合关联。只是由于英汉语形态不同他们具体缩略的方式和结果不一样而已。汉语里的缩略词分双音节和三音节两类。

双音节的必须保留固定语两个直接组成成分中每一个较有代表性的单音语素（或代表字），使它们连接起来，同时摒除其余的语素。第一个直接成分中取第一个语素的居多，第二个直接成分有的取第一个，有的取第二个，这是需要注意的。例如：

地下铁路→地铁

责任编辑→责编

科学研究→科研

电影评论→影评

高等学校→高校

三音节的缩略词全是名词。都有两个直接成分：其中一个是取自固定语中某个词（或语）的有代表性的单音语素（或代表字），另一个则包含两个语素——取自固定语中的一个词、两个词或多个词，例如：

亚洲运动会→亚运会

政治历史系→政史系

博士学位研究生→博士生

语言文字应用研究所→语用所

英语中的首字母缩略构词法与汉语的缩略构词法有些类似。分两种情况，一是首字母连写词，例如：

Voice of America → VOA

World Trade Organization → WTO

International Monetary Fund → IMF

International Maritime Consultative Organization → IMCO

首字母连写词按字母来读音。另一类是按拼音方法读音，例如，

North Atlantic Treaty Organization → NATO

Strategic Arms Limitation Talks → SALT

对比的目的在于要明确英汉语中的缩略词有各自的方法和约定俗成的东西，从而能正确翻译。有两种情况，其一，类似的缩略形式，但并不完全一样，如国际奥林匹克运动委员会→奥委会；其二，空缺，如汉语的"科研"在英语中一般没有相应的缩略形式，而英语的 VOA 在汉语中还是被说成"美国

之音",不能说作"美音"。

二、词汇语义学对比

(一)词汇语义学对比

词汇语义学对比比词汇形态学对比要复杂得多,因为前者研究的是词的形式,而后者研究的是词的意义,意义要比形式难以把握得多。词汇语义学对比的关键是如何确定共同的对比基础。词的语义和词与词之间的语义联系都可以用成分分析法来加以分析和研究。如果能制订出一套普遍适用于分析世界上所有语言的语义特征,那么,就可用作语义学对比的共同基础。当然这是非常困难的一件事。在具体对比研究中,可先选择一些比较容易分析的语义场中的词来进行对比,如,表示颜色、动植物、声音、亲属关系、身体部分、烹调方式等方面具有民族文化特征的词。然后,随着成分分析法研究的发展,再对其他一些较为复杂和抽象的语义场中的词进行对比。最后,可以进一步对两种语言中具有相似语义成分的词进行使用搭配和感情色彩等方面的对比,也可以对整个语义场的结构进行对比。

(二)语义场对比

对语义场进行宏观分析侧重于词汇的结构,微观分析则侧重于具体词项之间的细微差别。从宏观的角度来看,通常选用一些具有较明显的结构性的语义场来进行比较,例如,一些词汇领域中的词呈现出某种等级型结构,另一些词汇领域中的词具有等比型结构。从微观的角度来看,通常用来进行对比的核心语义场有颜色场、动物场、植物场、亲属场、烹调场、视觉场、声音场、家具场等。这类对比通常可按如下步骤进行:(1)列出英汉在某一语义场中的词项;(2)用一套普遍适用于描写英汉语言的符号来表示每个词项的具体的指称范围或运用范围;(3)综合分析这些词项的语义成分,推断出一套能将这些词项之间的语义差别区分开来的语义特征;(4)观察各种场中的词项特点。

1. 词义引申从抽象到具体

compensation 补偿→报酬

brokerage 经纪业→经纪人的佣金

carriage 运输→运费

duty 责任，义务→税收

guarantee 保证→担保物，抵押品

2. 词义引申从具体到具体

certificate 证书，证件→证券，单据

share 分得的一份→股份

market 市场→市场行情

concern 关心的事→企业，商号

book 书本→账本

（三）词的搭配对比

1. 词的不同搭配范围

词的搭配所要研究的是词与词之间的一种横向组合关系，即词的同现关系。在对英汉语中某一对具体的对应词进行搭配对比时，可通过对这两个词进行语义描述来分析它们搭配范围的异同。但是在具体的语言使用中，词的搭配范围和同项种类十分复杂。因此，从语言对比的角度来说，有必要首先分析一下两种语言中某些相对应的词为什么会具有不同的搭配范围。

（1）使用范围的大小不同。某些词的使用有很大的局限性，因而搭配范围也很小。

（2）可引申的程度不同或引申义不同。两种语言中，一对基本义相同的对应词如果具有不同的引申义，或一个可以有引申用法（这里所说的"引申义"和"引申用法"主要是指规范化了的引申义和引申用法，不包括临时夸张或形容用法），而另一个一般只用基本义时，那么它们的搭配范围也就不一致。

（3）边缘类搭配不同。即使一个词用作本义，它的搭配范围内的词有时也可以分为3种主要类型：中心类搭配词、边缘类搭配词、中间类搭配词（介于中心类和边缘类之间）。所谓"中心"和"边缘"与语言使用者对一个词所产生的心理联想有关，而与是否合乎规范并没有直接的关系。

（4）上下义词的搭配分工不同。在汉语中泛指一般动作的动词往往只能

与泛指一般事物的名词搭配（如"做家务"）表示具体工作的动词往往只能与表示具体事物的名词搭配（如"扫地""洗碗""修剪草坪"）；而在英语里，泛指一般动作的动词通常也能与表示具体事物的名词搭配（如 do the floor, do the dishes, do the lawn），汉语中则不容许这样的搭配。

英汉语中，特别是英语里，许多动物的叫声有特别的表达法，如不加区别地使用就会出现错误，而且往往是荒谬可笑的。下面就英汉语中动物名词作主语与描述叫声的谓语动词的搭配情况进行对比。

2. 英汉语描述动物叫声的表达法对比

汉语里描述动物的叫声用得最多的动词是"叫"，少数用的是"叫"的近义词，如"吠""鸣""嚎""嘶"等。如果需较为具体地描述，则用它与别的词构成的词组，多为偏正词组，也有并列词组。英语中没有像上述一样的主干动词。下面的例子可分成两大类。

（1）汉语中，谓语动词是"叫"或"叫"与其他词构成的词组

驴叫：Asses bray.

狗/狐狸叫：Dogs/Foxes bark.

蜜蜂嗡嗡叫：Bees hum.

甲虫/蜜蜂嗡嗡叫：Beetles/Bees drone.

苍蝇/蜜蜂嗡嗡叫：Flies/Bees buzz.

（2）汉语中是"叫"的近义词或用它们与其他词构成的词组

熊/狮子/老虎咆哮：Bears/Lions/Tigers growl.

狗狂吠：Dogs growl/howl.

猫叫春/夜号：Cats caterwaul.

三、英汉词汇总特征的对比

1. 英汉词汇一般特征的对比

Cruse（克鲁斯）认为，许多语言中的词通常都是有如下两个总的特征：(1)词是句子中位置可以移动的最小单位；(2)词是在其组成成分之间不容插入其他成分的最大语言单位。

就英语来说，词的第一个特征比较明显，如（1）John saw Bill.（2）Bill

saw John.（3）Bill，John saw. 而汉语不那么明显。汉语的词比较符合第二个特征，当然，英语的词也不例外，像"小说""喜欢"这样的词不容在其间插入任何成分。汉语词在内部结构上的这种不可分离性也体现在语义上的整体性。比如，"小说"是指一种特定体裁的文学作品，而不是"小"与"说"的语义的简单相加。即使在"喜欢"这样一个联合式复合词中，整个词在语义上也不完全是"喜"与"欢"的简单相加，而是具有比较具体的含义。

2. 英汉词汇系统的形态特征对比

根据语言的词汇形态特征，有孤立语（每个词只由一个语素构成）、黏着语（一个词通常由一个以上的语素构成，且语素间的界线总是很分明）、屈折语（一个词通常由一个以上的语素构成，语素间的界线不是很分明）和多式综合语之分。汉语接近于孤立语，英语也偏向于孤立语，但与汉语相比，却更偏向于综合语。

第二节　英汉句法对比

一、英汉语序对比

（一）英汉语特殊句序

从形态学角度来看，语言有分析型和综合型。世界上的语言就其表达语法关系的手段分类，可分为两大类型：分析型语言和综合型语言。主要通过词序和虚词，而不是通过词形变化（性、数、格的变化），表达语法关系的语言叫作分析型语言；主要通过词形变化，而不是通过词序和虚词表达语法关系的语言叫作综合型语言，如俄语、拉丁语、希腊语、土耳其语等。而英语是介于两者之间，既通过词形变化又通过次序和虚词表达语法关系，所以叫作综合-分析型语言。

英语句子重形合，即主要通过语言的语法关系表达意思；汉语句子重意合，即主要通过句子内部的逻辑关系表达意思：分析型语言的一个主要特征就是语序固定，综合型语言的主要特征之一是语序灵活。英语是以综合型为主向分析型过渡的语言，有较丰富的形态和语法手段，句序相对灵活自由。汉语是分析型为主的语言，缺乏形态变化，语序相对固定。

1. 语序倒置与翻译

由于英语是以综合型为主向分析型过渡的语言，有较丰富的形态和语法手段，所以英语中有很多倒置现象。汉语是分析型为主的语言，语序相对固定，很少有语序倒置现象，主谓倒装句也多出现于口语。因此，将英语倒装句译成汉语时，一般采取正常语序（"主＋状＋谓＋宾"的结构），有时需根据具体情况加入一些象声词或副词（只，才，都，只要……就，等等），增加句子的动感，例如：

Long live the People's Republic of China!

中华人民共和国万岁！

So fast did she walk that none of us was her equal.

她走路非常快，谁都赶不上她。

Only in this way can you succeed.

只有这样，才能成功。

2. 英汉定语的位置与翻译

定语是修饰主语和宾语的语法成分，说明事物的属性、类别或特征。在英语里，单个词作定语时一般放在被修饰词前面，但介词短语、不定式短语、分词短语、从句作定语一般放在被修饰成分后面。汉语则不然，只要是定语，一般放在被修饰词前。因此，翻译定语时要根据各自特点做相应的调整。例如：

The doctors have tried every way possible.（后置）

医生们已经试过各种可能的办法了。（前置）

He told me something important.（后置）

他告诉了我一件重要的事情。（前置）

It was a conference fruitful of results.（后置）

那是一个硕果累累的会议。（前置）

3. 英汉状语的位置与翻译

英语中状语的位置灵活且复杂。由单个单词构成的状语一般位于句首、谓语之前、助动词和谓语动词之间，或者句末。如果状语较长，那么其一般放在句首或句尾,不放在句中。而汉语中状语的位置则较为简单,一般位于主语之后谓语之前,有时为了起强调作用,也位于主语之前或句末。例如:

The flight was canceled due to the heavy fog.

班机因大雾停航。

I will never agree to their demand.

我绝不同意他们的要求。

He can never speak English without making serious mistakes.

说英语他总是出大错。

The news briefing was held in Room 201 at about eight o'clock yesterday morning.

新闻发布会是昨天上午大约八点在201会议室召开的。

有时,一个句子中不只含有一个状语,有时多个状语(如时间状语、地点状语、方式状语、让步状语等)会同时出现。针对多个状语同时出现的情况,英语的表达顺序是:方式、地点、时间;而汉语的表达顺序则恰恰相反:时间、地点、方式。例如:

The bank will not change the check unless you can identify yourself.

只有你能证明你的身份,银行才会为你兑换支票。

Many elderly men like to fish or play Chinese chess in the fresh morning air in Beihai Park every day.

很多老人都喜欢每天上午在北海公园清新的空气中钓鱼、下棋。

(二)英汉复合句的时间和逻辑顺序

英汉复合句中的主句和从句之间在时间顺序、逻辑顺序等方面不尽相同。在构建句子时,汉语倾向于按照先背景后前景、先大后小、先概括后具体、先发生先陈述的语序铺展内容,而英语语法手段相对灵活,可以不按照事件发生的时间顺序和逻辑顺序安排句子成分。

1. 英汉语复合句的时间顺序

在英语复合句中,表示时间的从句可以放在主句之前,也可以放在主句之后,而汉语在建构句子时,喜欢将先发生的先说,后发生的后说。英译汉时,英语若是按时序铺排的,汉语可以保持原来的句序进行翻译,反之可做适当调整。例如：

As soon as Tortoise heard of the great feast in the sky his throat began to itch at the very thought.

乌龟一听说天上的盛宴，就不禁垂涎三尺。（保持）

I want to ponder my chances of success before I take any action.

行动之前，我得考虑成功的可能性有多大。（前置）

2. 英汉语复合句的逻辑顺序

英语构句的形合特点可以使句子结构呈树杈形拓展，汉语以意合为主要特征的流水句同样可以组成语义繁杂的长句子。英语构句既有顺序排列，也有逆序排列，但句子内部逻辑分明，层次清晰。而汉语构句遵循的是逻辑顺序，在时间上重视"时间的先后顺序"，在逻辑上重视"前因后果关系"。

因此，英译汉时，我们应抓住原文的中心思想，找出其语法主干，然后厘清各种修饰成分之间的逻辑关系，根据时间顺序和逻辑顺序，重新按汉语的表达习惯加以组合，以确切表达其意。汉译英时，应该根据各句之间的逻辑关系和语义层次，按照英语的构句原则组词成句。

在表示因果关系的英语复合句中，表示原因的从句可以放在主句的前面，也可以放在主句之后；而汉语一般为"前因后果"。例如：

She married Jack because she thought she loved him.

她当时自以为很爱杰克，才嫁给了他。

Tom, your mother is very uncomfortable with you for your getting into trouble again.

汤姆，你又惹麻烦了，妈妈对你很生气。

在表示条件（假设）与结果关系的复合句中，英语条件从句可以放在表示结果的主句之前，也可以放在主句之后；而汉语中绝大多数情况是条件在前，结果在后。例如：

We need a spirit of enterprise if we are to overcome our difficulties.

我们要有进取精神才能克服困难。

当然，也可以译成"要克服困难，就要有进取精神。"

在表示目的与行动关系的英语复合句中，多数情况是行动在前，目的在后。汉语大多数情况下也是行动在前，目的在后，但有时为了强调目的，也可以把目的前置。例如：

He worked hard to pass the exam.

他刻苦读书，为的是通过考试。/ 为了通过考试，他刻苦读书。

To find a father for her daughter, she asked for help through the Internet.

为了给女儿找个爸爸，她通过网络寻求帮助。

二、英汉语态对比

语态上的差异也是英汉语言差异的重要表现方面。针对语态来讲，汉语中被动语态少于英语中的被动语态。英语句子中，动词的使用频率很高，而且大多数及物动词或类似于及物动词的词组都具有被动语态，当句子的主语没有必要涉及，或句子的中心话题是动作的对象，或动作的实行者不明确时，都会用到被动语态。这里主要以英语的被动语态为例来分析英汉语态的差异。例如：

The audiences are requested to keep silent.

请听众保持肃静。

Clinton is expected to give his testimony by videotape.

克林顿将会以录像带的形式提供证词。

在语态上，汉语则较少使用被动语态。不仅仅在数量上英汉被动语态有着显著的差异，在表达上也有着明显的不同。汉语被动语态一般有相应的表示被动语态的词汇来提示，最常见的被动语态提示词有"被""受""让""遭""给""叫""由""加以""予以"等。例如：

His suggestion is rejected.

他的建议被否决了。

The Chinese delegates were warmly welcomed everywhere.

中国代表团到处都受到热烈欢迎。

三、英汉句子重心对比

在句子的重心问题上，英语习惯将主要的信息放在句子开头。具体来讲，英语习惯先对事情做出评价或先表达发话人的感受、态度，然后再详细叙述事情的来龙去脉。例如：

Stealing happens only in communities where some have got more than they need while other have not enough.

在一个社会内，只有当一些人绰绰有余，而另外一些人物质匮乏时，偷盗才可能发生。

Good reception requires a series of relay towers spaced every 30 miles since the curvature of the earth limits a microwave's line-of-sight path to about 30 miles.

地球曲率的限度使微波发射的视线路径为 30 英里；为了接收良好，需建立间隔为 30 英里左右的系列转播塔。

We believe that it is right and necessary that people with different political and social systems should live side by side, not just in a passive way but as active friends.

我们认为生活在不同政治和社会制度下的各国人民应该共处，不仅仅是消极共处，而且要积极地友好相处，这是正确而且必要的。

在句子重心上，汉语则表现出与英语相反的倾向：习惯将主要信息放在句子末尾。具体来讲，汉语习惯先按照先后、因果等顺序做一番长篇叙事，然后再简短地表达发话人的观点、立场。

四、句子翻译技巧

（一）被动句的翻译技巧

1. 译为汉语被动句

通常，一些形式较为简单且汉语中有与之相对应的被动表达的被动句可以译成汉语被动句。例如：

In ancient China, women were looked down upon.

在中国古代，妇女受到歧视。

He was attacked by a lot of bees.

他遭到了大批蜜蜂的攻击。

He had been fired for refusing to obey orders from the head office.

他因拒绝接受总公司的命令而被解雇了。

2. 译为汉语主动句

英语被动句可以译为汉语主动句。这种方法保持英语原文的主语，只是不译出"被"字，以准确传达原文意思，避免不必要的误解。例如：

The whole country was armed in a few days.

几天之内全国就武装起来了。

3. 译为汉语无主句

英语属于形合语言，表达多受主、谓、宾结构的限制；而汉语属于意合语言，表达形式较为灵活，也没有那么多限制，句子甚至可以不要主语。因此，在很多情况下，英语被动句可以译成汉语主动句。例如：

The unpleasant noise must be immediately put to an end.

必须立刻终止这种讨厌的噪音。

Attention has been paid to the new measures to prevent corrosion.

已经注意到这种防腐的新措施。

4. 译为汉语的"把""使""由"字句

有时英语中的某些被动句还可以译成汉语的"使"字句、"把"字句和"由"字句。例如：

Your promotion will be decided by Mr.Caro.

你的升迁将由卡罗先生决定。

This letter was written by the president himself.

这封信是由总统本人写的。

（二）从句的翻译技巧

1. 名词性从句的翻译

（1）主语从句

①当主语从句是以 what，whatever，whoever 等代词引导的，在翻译的时候就可以采用顺译法，即按照原文顺序进行翻译。例如：

What he told me was half-true.

他告诉我的是半真半假的东西而已。

②当主语从句是以 it 作形式主语，在翻译时就要根据具体情况来选择合适的方法，可以将主语从句提前，也可以不提前。例如：

It seemed inconceivable that the pilot could have survived the crash.

驾驶员在飞机坠毁之后，竟然还活着，这似乎是不可想象的。

（2）宾语从句

①当宾语从句是 what，that，how 等所引导的，在翻译时就可采用顺序法。例如：

Can you hear what I say?

你能听到我所讲的话吗？

②当宾语从句是以 it 作形式宾语并由 that 引导时，在翻译时就可以按原顺序进行翻译，并且 it 不译。例如：

I regard it as an honor that I am chosen to attend the meeting.

被选参加会议，我感到光荣。

2. 定语从句的翻译技巧

英语和汉语中定语的位置是不同的，而且发展方向也有着不同的趋势：英语发展方向为向右，汉语发展方向为向左。鉴于这种差异，在翻译时可采用以下翻译技巧。

（1）译为汉语中的"的"字结构。例如：

He was an old man who hunted wild animals all his life in the mountains.

他是个一辈子在山里猎杀野兽的老人。

（2）译为状语从句。例如：

She also said I was fun, bright and could do anything I put my mind to.

她说我很风趣，很聪明，只要用心什么事情都能做成。

（3）译为并列分句。例如：

He was a unique manager because he had several waiters who had followed him around from restaurant to restaurant.

他是个与众不同的经理，有几个服务员一直跟着他从一家餐馆跳槽到另一家餐馆。

3. 状语从句的翻译技巧

（1）时间状语从句

①译为表时间的状语从句。例如：

When she spoke, the tears were running down.

她说话时，泪流满面。

Why do you want a new job when you've got such a good one already?

你已经得到了一份这么好的工作，为什么还要新工作呢？

②译为并列句。例如：

He shouted when he ran.

他一边跑，一边喊。

（2）条件状语

①译为表"条件"的状语分句。例如：

If you tell me about it, then I shall be able to decide.

如果你告诉我实情，那么我就能做出决定。

②译为表示"假设"的状语分句。例如：

If the government survives the confident vote, its next crucial test will come in a direct vote on the treaties May 4.

假使政府经过信任投票而保全下来的话，它的下一个决定性的考验将是5月4日就条约举行的直接投票。

（三）长句的翻译技巧

1. 顺序法

如果英语长句的内容是按照时间先后顺序或逻辑关系安排的，所叙述的层次又与汉语的表达方式一致，此时就可以采用顺序法进行翻译，也就按照原文顺序译成汉语。但是，采用顺序法进行翻译，并不等于将每个词都按照原句的顺序死译，也需要进行灵活的变通。例如：

As soon as I got to the trees I stopped and dismounted to enjoy the delightful sensation the shade produced: there out of its power I could best appreciate the sunshining in splendour on the wide green hilly earth and in the green translucent foliage above my head.

我一走进树丛，便跳下车来，享受着这片浓荫产生的喜人的感觉：在那里，我能够尽情赏玩光芒万丈的骄阳，它照耀着开阔葱茏、此起彼伏的山地，还有我头顶上晶莹发亮的绿叶。

2. 逆序法

多数情况下，在表达相同的含义时，英语句子与汉语句子在表达顺序上是存在很大差异的，有时甚至完全相反，此时就不能采用顺序法，而要采用逆序法进行翻译，也就是逆着原文顺序从后向前译。例如：

There is no agreement whether methodology refers to the concepts peculiar to historical work in general or to the research techniques appropriate to the various branches of historical inquiry.

所谓方法论是指一般的历史研究中的特有概念，还是指历史研究中各个具体领域适用的研究手段，人们对此意见不一。

Such is a human nature in the west that a great many people are often willing to sacrifice higher pay for the privilege of becoming white collar workers.

许多人宁愿牺牲比较高的工资以换取成为白领的社会地位，这在西方倒是人之常情。

3. 分译法

分译法又称"拆译法"，是指在翻译过程中将句子中的某些成分（如词、词组或从句）单独拆分出来另行翻译，这样不仅有利于突出重点，还便于译文句子的总体安排。例如：

Vice-President George Bush is looking to President Ronald Reagan, a star attraction at today's opening of Republican national convention, to give some sparkle to his presidential campaign.

布什副总统盼望里根总统为其总统竞选活动注入一些活力。里根是今天开幕的共和党全国代表大会最引人注目的人物。

4. 综合法

在具体的翻译实践中，有时很难使用一种翻译方法对原文进行恰当的翻译，更多的时候是综合使用多种翻译方法，这样可以使译文更加准确、流畅。

例如：

She was a product of the fancy, the feeling, the innate affection of the untutored but poetic mind of her mother combined with the gravity and poise which were characteristic of her father.

她的母亲虽然没受过教育，却有一种含有诗意的心情，具备着幻想、感情和天生的仁厚；他的父亲呢，又特具一种沉着和稳重的性格，两方面结合起来就造成她这样一个人了。

第三节　英汉语篇对比

一、英汉衔接手段对比

（一）英汉照应衔接对比

照应是"语篇中的指代成分与指称或所指对象之间的相互解释关系"，是语篇实现其结构上的衔接和语义上的连贯的一种主要手段。就实现照应的手段而言，韩礼德和哈桑将英语中的照应关系分为人称照应、指示照应和比较照应三类。照应在语篇衔接中的作用主要体现在长句结构中的照应成分与照应对象间的相互参照关系或解释关系。就英汉翻译而言，人称照应的差异最明显。

1. 人称照应

人称照应是指用代词复指上下文出现的名词，实现这一功能的有人称代词、物主代词（如 your，his 等）。使用人称照应可以使代词和上下文中的某一成分（先行项）建立起语义联系，实现篇章连贯，如：

I met John on the street yesterday. He was walking beside his sister. They were going to see a film.

昨天我在街上碰见约翰了。他和姐姐一块儿走着。两人要去看电影。

人称照应在汉语语篇中也大量存在，如：

我和白求恩同志只见过一面，后来他给我来过许多信。

英汉语在人称照应中的差异表现在以下两个方面：前指和后指。首先，英语使用第三人称代词的频率远远高于汉语。在英语的发展过程中，词尾的曲折变化不断削减，名词、形容词、动词的形式都简化了，只有人称代词保留了古英语的复杂性，其性、数、格都使用不同的形式，各类代词的使用频率也很高。与英语不同，汉语的第三人称代词发音一致，区别没有英语那么明显，使用频率也相对较低。因此，翻译时应注意以下三个特征：

（1）代词作主语或宾语

根据汉语习惯，前句一旦引入了主语，且后句仍为同一主语，则可不必重现这个主语。而对于有些作宾语的代词，只要语境信息充分，不管前面是否提及，也可以省略（标示为 X）。

（2）物主代词

在英语里，凡说到人的身体部位以及人所拥有的事物时，总要在前面加上物主代词；汉语这类表述往往可以省略。

汉语省略物主代词的倾向是有原因的。汉语使用物主代词有时有特殊的语用含义，有强调、不满或不耐烦的意味。

（3）汉语除了多用省略，还通过使用重复名词的方式进行语篇衔接。

We still have many failings.We are not afraid to admit them and are determined to get rid of them.

我们还有很多缺点。我们敢于承认这些缺点，还要下定决心改正它。

从以上分析可以看出，英汉语第三人称代词前指照应有不同的倾向：英语使用第三人称代词的地方，汉语倾向于采用省略或重复名词的方式进行照应，而不必一一对应。

在后指方面，英汉语差异也很明显。代词在前，被指代的成分在后，这在英语复合句中比较普遍，而在汉语里则比较罕见。翻译时，可以考虑变后指为前指。

2. 指示照应

指示照应指用具有指示作用的词语来区别时空的远近，确定所指对象的照应关系。

英语中常用的指示性词语有指示代词、指示性副词、冠词以及相应的限定词，如 this，that，here，there，now，then，the 等。例如：

When I was at high school I was interested in literature translation.But my poor language then failed me in accomplishing one piece.

There are a lot of umbrellas of different sizes and colors in that shop.I'm sure you can get one you are satisfied with there.

汉语中常用指示代词和"的"字结构作为指示照应的词语。例如：

小时候，在月明星稀的夜晚，我们常常满山遍野地跑，玩抓特务的游戏。说起这些，大家都很开心。

3. 比较照应

比较照应指的是用比较事物异同的形容词或副词，及其比较级所表示的照应关系。由于任何比较至少涉及两个实体或事态，所以当语篇中出现表达比较的词语时，受话者就会在上下文中寻找与其构成比较关系的其他词语。因此，比较照应在语篇中具有承接上下文的作用。

英汉语在表达比较照应时的差别不大，只是表现形式存在些差异。英语中表示比较照应可以通过词汇手段，如用 same，equal，such，similar，different，likewise，other，identical 等词来表示照应关系。另外英语还可以通过词的比较级变形来表示照应关系。

汉语中用作比较照应的词有：同样的，相同的，不同的，类似的，其他的，等等。除此汉语中还有比较结构：和……一样/相同/差不多，像……之类/那样，与……差不多等。汉语的比较照应与英文最大的区别在于没有词形上的变化，对应英语中的比较级汉语中常用以下词语和结构代替：更，更加，比较，比……还/更+形容词/副词，或不如……那样+形容词/副词，没那么……等等。

（二）英汉替代衔接对比

替代指的是用替代形式来取代上文中的某一成分。在语法和修辞上，替代被认为是为了避免重复而采用的一种重要的语言手段。从信息结构的角度看，由于替代成分替代的是上文中已经出现的信息，因而在读音上往往是非重读的，这样，新信息便显得更加突出。

作为语言使用过程中十分常见的一种现象，替代不仅在句法学和修辞学领域得到了广泛的研究，而且引起了语篇语言学家的高度重视。在语篇中，由于替代形式的意义必须从所替代的成分那里去索引，因而替代起着不可忽视的衔接上下文的作用。

替代可以分成三类，即名词性替代、动词性替代和从句性替代。替代和照应是不同的。照应是一种语义关系，而替代则是一种词汇语法关系。

1. 名词性替代

英语用代词或某些名词来取代名词词组，如指示代词、关系代词、连接代词、不定代词和名词。用替代词取代名词词组或名词词组中心词这一语法现象叫名词性替代。英语中名词替代词主要为 one/ones，还有 the same，the kind，the sort 等，汉语里由"的""也""同样的"等构成替代。

2. 动词性替代

动词性替代指用替代成分取代动词短语。常用的 do 和它的变化形式（如 does 等），如：

The Americans are reducing their defense expenditures this year.I wonder if the Russians will do too.

美国人今年在削减国防开支，我怀疑俄罗斯人也会这样做。

相应地，汉语中的"来""干"等是动词性替代。然而，汉语往往也采用重复有关词语或省略的方式建立衔接关系。

3. 从句性替代

用替代词去替代名词性分句这一语法现象叫作分句性替代。在语篇层面上，替代可以建立句子之间的衔接关系，使语篇前后承接更加连贯。英汉两种语言中的替代现象既有共性也有差别。

（三）英汉省略衔接对比

省略也是一种重要的语篇衔接手段。在语篇中运用省略主要是为了避免重复，使表达简练、紧凑。

从某种程度上讲，省略结构在句法上是不完整的，但这并不意味着省略结构是不可理解的，因为，受话者可以从上下文中找到被省略的成分。也就是说，省略结构的出现预设了被省略成分的存在，发话者在省掉某一成分时必须是以该语言成分在上下文中的存在为前提的，而受话者也必须从上下文中寻找被省略的语言成分并以此来补足省略结构。正是由于省略结构与被省略成分之间的这种预设关系使句子或语篇前后衔接。

下面主要从名词性省略、动词性省略、小句性省略来进行比较分析。

1. 名词性省略

名词性省略指的是名词词组内的中心词的省略，中心词语部分修饰成分的省略，以至整个名词词组的省略。

名词词组是由一个表示事物意义的中心词和若干个修饰成分构成的，其中的修饰成分可有可无。从某种程度上讲，名词性省略意味着将名词词组中的修饰成分提升为中心词。

2. 动词性省略

动词性省略指的是发生在动词词组内的动词的省略或整个动词词组的省略。一般说来，动词词组内的动词成分包括实义动词和操作词两部分，这样，动词性省略可以划分为实义动词的省略和操作词的省略。

实义动词的省略在英语中十分常见，实义动词被省略后，动词词组中的动词成分只剩下操作词部分。由于英语动词词组中的实义动词都位于操作词的右方，实义动词的省略又称作"右省略"。

操作词的省略主要指情态动词和助动词的省略，由于英语中的操作词一般位于实义动词的左方，此类省略又称作"左省略"。例如：

A：What have you been doing?

B：Swimming.

上述例子的回答中省略了主语和助动词 have been。当操作词被省略时，句子的主语也往往随之一起省略掉。

3. 小句性省略

"Have you made up your mind to work in Xizang after graduation?"

"Sure!"（I've made up my mind to work in Xizang after graduation.）

"你决定毕业后要去西藏工作吗？"

"当然！"（我决定了毕业后去西藏工作。）

然而，遇到英语并列结构中的省略时，在汉语译文中可以使用词汇重复来实现衔接。

Work with, and not against, nature.

要顺应自然,不要对抗自然。

在汉语里,省略的基本要求是不影响达意,没有特别的形式标记。汉译英时,有时需要根据英语的行文习惯将省略的部分补齐,以使译文结构完整、衔接自然。

二、英汉段落结构对比

(一)英汉段落特点对比

1. 英语段落特点

英美人的思维模式是直线型的,通常按照逻辑直线推理的方式进行,且每一段落必须集中一个内容。一般说来,英语的段落都有主题句、扩展句(支撑句)和结论句。主题句提出论述的主题,扩展句利用必要的细节对主题加以论证说明,结论句总结全文,在论证的基础上得出结论。这三者是段落的必要成分,它们相辅相成,构成一个完整的段落。有些段落还有过渡句,它起到意义与意义之间的顺利过渡。多数完整的英文段落通常由主题句、扩展句和结论句三部分组成。这就是我们通常所说的英文段落结构的三个基本特征。

主题句不仅陈述段落话题,同时还将话题控制在一个具体的限定性要点上。扩展句紧紧围绕限定性要点,通过列举数据、陈述细节等例证手段,或者通过说明、分析,层层阐述段落主题。结论句则根据行文需要,对全段要点进行归纳、提示性总结。

英语段落的一个基本特点是,它一般会按照一条直线进行展开,通常称为"直线型",这是英语段落连贯性的一种特殊类型。英语段落往往先陈述段落的中心思想,而后分点说明。分点说明的目的是对主题句的展开,并为在以后的段落中增加其他的意思做好准备。段落中的意思以有秩序的顺序清晰地互相联系,在展开中心意思的过程中,段落中的每一个句子应该顺其自然地从前面的一个句子中产生出来。从理想的角度来看,这样的段落应该具有一种运动的感觉,即流动感觉,一种在原先所说东西的基础上向深入和高峰的方向发展的感觉。

英语段落中的句际关系按语义大致可分为四类：①平行式：包括并列关系、对立关系、比较关系、选择关系等；②偏正式：包括因果、层进等关系；③承接式：包括现实时空序列承接、心理时空序列承接等；④总分式：包括总说分承和分述总括两类。句际衔接主要依靠关联词和词语重复、指代替换等手段。当然，英语中也有"主题隐含式"段落，即无主题句的段落，但其中心思想通过段落中的每个句子可以明白无误地反映出来。

2. 汉语段落特点

汉语段落的行文是曲线运动，以反复而又发展的螺旋形式对一种意思加以展开，从各种角度来说明问题。经过对汉语和英语的段落进行比较分析，发现汉语基本上有两种段落结构：一种结构类似于归纳性的英语段落；另一种段落类似于"东方语言中特有的螺旋形"段落。除了若干非常短小的过渡段以外，汉语段落的最高概括层次（往往是主题句）靠近段落的中间或末尾处。与英语直线型段落相比，汉语以反复而又发展的螺旋形形式对一种意思加以展开，在一个汉语段落中间所做出的结论往往又被进一步展开，或者成了一个新的次主题的基础。

（二）英汉段落结构意义连贯对比

英语是形合语言，而汉语则被视为意合语言。英语句子各成分之间的逻辑关系常常需要通过连接词的使用才能体现出来；汉语主要通过语义体现句子之间的逻辑关系，只要语义相关，篇章自然会流动，句子之间不像英文篇章有那么多连接词，而是靠语义的自然衔接、前后贯通、上下呼应来表达一个完整的意思。这种英汉句子连接方式的差异可能给英语学习者带来一些问题，许多中国学生在写英语文章时，不知道如何正确使用衔接手段，所以写出来的文章支离破碎，条理不清，语义模糊，不知所云。

英语段落的构成大致可分两类：一类是典型的"主题句—阐述句—总结句"结构，另一类则有点像汉语的以某一中心思想统领的形散神聚结构，但注重形合的英语常常使用许多衔接和连贯手段，以便从形式上显现各种组合关系。前一类结构的主题句表明段落的主题思想，接下来的句子必须在语义上与这一主题关联，在逻辑上演绎严谨。这一特征在英语的论说文中表现得尤为突出。而汉语段落通常都围绕一个较为含蓄的中心思想，其表述方式多为迂回式和流散式的，句际之间的意义关联可以是隐约的、似断非断的。当然，也有不少十分注重逻辑推演的段落，句际之间环环相扣，但有相当数量的汉语段落都是形分意合的，没有英语中常见的那些连接词。这种现象的背后当然是中英思维方式上的某些差异。

汉语实现意义的连贯一般采取两种手段：逻辑的连贯和过渡词的使用。逻辑的连贯就是依靠扩展句自身具有的逻辑关系对句子进行正确的排列所实现的连贯；过渡词的使用就是依靠过渡词表现连贯的意义。

在意义的连贯上，英语初学者犯的主要毛病是信笔游走，行文没有规矩，或者没有必要的过渡词。

（三）段落翻译的技巧

1. 将英语的直线性结构转换成汉语的螺旋式结构

总体看来，英汉语篇分别呈现直线形与螺旋式的逻辑特征。这从根本上讲是中西方各自重综合与重分析的思维习惯的表现。典型表现是汉语的歇后语：小葱拌豆腐———一清二白，前句的具体形象综合于后一句的抽象概念。从语篇来看，尤其能体现直线形与螺旋式的特点。例如：

The village of Marlott lay amid the northeastern undulations of the beautiful Vale of Blakemore or Blackmore aforesaid, an engirdled and secluded region, for the most part untrodden as yet by tourists or landscape-painter, though within a four hours'journey from London.

前面说过的那个美丽的布雷谷和布莱谷，是一处群山环抱、幽静偏僻的地方，虽然离伦敦不过四个钟头的路程，但是它的大部分都不曾有过旅行家和风景画家的足迹。马勒村就在它东部那块起伏地带的中间。

译文与原文在叙述上根本的区别在于：英文直截了当以主题"马勒村"为重心，由里向外扩展，直到远涉伦敦；中文则以一个已知信息为主位，先远涉伦敦，再迂回到近旁的、作为主题的"马勒村"。

所谓"直线形"，就是先表达出中心意思，由此展开，即英语所说的"develop"或层层推演或逐项分列，后面的意思都由前面的语句自然引出。

2. 以句子为单位进行翻译

如果段落中各句之间的语义关系、逻辑关系在用译入语表达中不需什么调整，翻译时完全可以将各句、各分句作为翻译单位，以尽量做到形神意兼似。例如下面一例就是"主题句+展开句"段落，翻译时只需要"拿来"，在句式上做适当调整即可。

So I tried another Plan.Each week I made a list of everything I had to get done during that week.Then, under the list of things I had to get done.I made a list of things I could do if I had time.This is the method I have used since then.I'm glad that I've learned to balance things and it has helped prepare me for what is to come after graduation.

于是我尝试了另一个计划。每一个星期我列出一个清单写明这个星期我要做的事情。然后，在这个清单里我再筛选出如果时间充裕我能够做的事情。这就是我自从上次后一直使用的方法。我十分欣慰自学会了如何平衡自己的事情，这对我准备毕业以后的事情有很大的帮助。

3. 以句群为单位进行翻译

在一个段落内部的某一句群中，各句间的关系可以在译文中重做调整，那么该句群就可以作为一个翻译单位。翻译时应该考虑段落中句子与句子间的连接，还需要考虑到前后句子用词的相互呼应问题。

On the whole such a conclusion can be drawn with a certain degree of confidence, but only if the child can be assumed to have had he same attitude towards the test as the other with whom he is being compared, and only if he was not punished by lack of relevant information which they possessed.

总的来说，得出这一结论是有一定程度把握的，但是必须具备两个条件，能够假定这个孩子对测试的态度和与他相比较的其他孩子的态度相同；他也没有因为缺乏其他孩子已掌握的有关知识而被扣分。

上述例子是一个意义相对完整的句群，结构紧密。在翻译时，要使译文更符合汉语结构，原句的被动结构翻译成了带表语的主动结构，原句的两个"only if"翻译成了具有归纳性特征的"但必须具备两个条件"，使后面的扩展句逻辑清晰。

4. 保留原段落格式

翻译时，应先将段落作为一个有机整体进行分析，然后再进一步深入到词句，在转换时，一定要使局部服从整体。从段落格式来看，英译汉时一般都可保留原段落格式，以尽量做到形神意兼似。

For my sons there is of course the rural bounty of fresh-grown vegetables, line-caught fish and the shared riches of neighbors'orchards and gardens.There is the unpaid baby-sitter for whose children my daughter-in-law baby-sits in return and neighbors who barter their skills and labor.But more than that, how do you measure serenity?Sense of self?

对我的几个儿子来说，乡下有新鲜的蔬菜吃，有鱼钓，还可以分享邻居家花园和果园中的乐趣。遇到有事的时候，总有人为你来照看孩子，而我的儿媳有时也会去为别人临时看看孩子。人们还常常互相帮忙，干些自己擅长的活计。除此之外，那份安宁，那种对自我的感受，又岂是可以简单度量的吗？

第六章 跨文化交际中的英语翻译

第一节 文化差异对翻译的影响

一、文化差异对英语翻译的影响

(一)社会文化差异对翻译的影响

一个民族的历史、政治、经济、风俗、习惯、价值观、思维方式以及社会活动的特点和形式等都是社会文化的表现。社会文化包罗万象,错综复杂,可以说,社会文化研究的范畴是最为广泛的。较之其他文化,社会文化因素差异对翻译的影响更大一些。东西方在社会文化方面千差万别,在英汉语言的表达上多有体现。影响翻译的社会文化因素主要涉及以下方面。

1. 价值观

汉语社会文化价值观推崇谦虚,在文章中经常可以看到"鄙人、犬子、拙文"等谦辞。英语社会文化则推崇个人表现,展现个人的自信,故很少有这类自谦的用词。

2. 客套话

由于中西方社会文化的不同,针对同一问题,在许多情况下,英汉的回答是截然不同的。中国人喜欢讲客套话,外国人常常实话实说。例如,中国人见面打招呼时常说"你要去哪儿""你吃饭了吗",类似这样的话语只不过是礼节性打招呼的一种方式,并无深意。然而,西方人对这几句话却非常敏感,如果翻译时直译,容易令他们不知所措甚至有可能引发冲突。因此,要视具体情况做出相应的客套话的转换,改用英语惯用语"Good morning""Hello"或者"How are you"等。

3. 人际关系

中国的社会文化十分重视长幼尊卑和血缘关系。在一个几代同堂的大家族中家庭人口众多，所以称谓上的词汇数量丰富，如爷爷、奶奶、叔叔、伯伯、外公、外婆、舅舅、姑妈、姨妈等。西方国家的社会文化崇尚个人独立，对于长幼、血缘关系不太看重，并且家庭成员相对分散，相应的称谓用词就不如汉语清晰明了。例如，grandfather 既可以表示爷爷，也可以表示外公；aunt 的含义就更多了，有姑妈、姨妈、舅妈、婶婶等；cousin 一词对应的汉语称谓竟有八个：表姐、表妹、堂姐、堂妹、表哥、表弟、堂哥和堂弟。翻译过程中遇到这种情况时，译者需要根据上下文来推断，弄明白文中人物的亲属关系，从而确定具体应该翻译成汉语中的何种称谓。

4. 习语、成语

由于各民族的历史发展不同，所以各自都有一些含有特定人物和事件的语言来体现本民族鲜明的历史文化色彩。例如，对中国人来说，汉语成语典故"东施效颦"，其文化内涵很容易理解，然而翻译时如果直译，西方人就会完全不知所云，因为他们对中国古代的历史文化了解甚少。对于这种情况，最好用注释的方法来翻译，使词语的含义充分表达出来，从而准确形象地表达和再现原典故的含义。此外，像"邯郸学步""卧薪尝胆""刻舟求剑""守株待兔"等成语均可用此法来翻译。

西方历史文化中也有含有丰富历史文化信息的典故，如 to meet one's Waterloo、cut the Gordia's knot、paint the lily，在翻译时也需要用注释、转换或增补等方法把它们译为"败走麦城""快刀斩乱麻"和"画蛇添足"，以使汉语读者一目了然。

5. 颜色、数字、动物的喜好和禁忌

（1）颜色

中西方不同民族文化对颜色的联想意义不同，所用的语言表达也就不同。汉语中红色有喜庆、欢乐、热闹等内涵意义，英语中红色则常常暗示着血腥、暴力，所以大卫·霍克思（David Hawkes）译《红楼梦》时，将汉语中"红"字的文化内涵排除在整篇译文之外，书名用的是 The Story of the Stone。在西方，新娘在婚礼上身穿的白色礼服象征纯洁无瑕，而在中国，葬礼上才穿白衣。汉语中的绿色代表"生机勃勃"，而英语中常引申为"嫉妒""没有经验"，因此 greeneyed、green with envy、as green as grass、green hand 这样的短语应意译为"嫉妒的""十分嫉妒""毫无经验"和"新手"。

（2）数字

在中国，"九"是个吉祥的数字，因为"九"与"久"同音，所以"九"经常用来表示"长久"的意思，而英语中的 nine 却没有这种含义。在西方，人们通常避免使用"十三"这个数字。因为《圣经》故事中耶稣被他的第十三个门徒犹大出卖，所以"十三"被认为是不吉利的数字。在中国的传统文化中，"十三"没有这种文化含义。

（3）动物

英汉民族对动物的联想意义也是大不相同的。最典型的要数"龙"，龙在中国是吉祥的神物，更是尊严的化身，因此有"龙子龙孙""龙的传人""望子成龙"等诸多与龙有关的褒义成语。然而，在西方人的心目中，龙是凶恶的象征，《圣经》中把恶魔撒旦称为 the great dragon。因此，汉语成语"望子成龙"绝对不能直译成 to expect one's child to be a dragon，而应意译成 to expect one's child to be a successful person，才不会让西方人误解。另外一个典型的例子是中西方人对狗的不同态度。狗在中国文化里被视为一种低微的动物，所以跟狗有关的习语，如"狗仗人势""狐朋狗友"等常表达一种贬义。在西方文化中，狗是人类最忠诚的朋友，与狗有关的俚语，如 you are a lucky dog、love me love my dog 等表达的则是一种褒义。在翻译过程中要采用适当的翻译方法，不可忽视东西方不同民族在社会文化方面的众多差异，从而真正促进不同民族间的文化交流。

（二）物质文化差异对翻译的影响

所谓物质文化，是指一个民族的生产工具和设施、经济生活和日用品以及科学技术等各方面的条件。物质文化包含的内容非常丰富，涉及人们生活中的衣食住行用各个方面。各个民族、各种语言在物质文化方面的交流是非常活跃的。俗话说"民以食为天"，饮食文化可谓物质文化中最重要的内容之一，各民族之间饮食文化的交流也最为频繁和丰富。我们早已熟悉"汉堡包""比萨饼""奶昔""泡芙"等名词来自英语词汇,英语中也有 tofu、dim sum 等说法。

中西方饮食文化的差异性随处可见,如西方人以蛋糕、面包等为主食,中国人主要吃大米、面食等。因此,如果把 a piece of cake 译为"蛋糕一块儿",肯定会令很多中国人费解。原因是蛋糕是英美人生活中极为常见的东西,制作蛋糕或是吃蛋糕都是小事一桩;对中国人而言,尽管蛋糕并不是稀有的东西,但一般不自己来制作,因为自己制作蛋糕存在一定困难,所以意译为"小菜一碟儿"比较妥当。又如,霍克斯将"巧妇难为无米之炊"译成"Even the clearest housewife cannot make bread without flour",这样翻译更接近西方人的生活。

再看一个典型的例子,"醋"在人们日常生活中是一种常用的调味品,在汉族文化中由于它的酸味而用来指一种不健康的嫉妒心理,如"吃醋""醋罐子""醋劲"等。西方人虽然也吃醋,但他们认为醋只是一种调味品,一般不会把它和嫉妒联系起来。因此,在翻译时,我们要用增补法补充说明。

另外,中国的"粽子""饺子"显然和西方国家的 hamburger、pizza 大不相同。翻译时虽然可以用音译法,但是要想让外国人彻底理解,就要补充说明。当然,那些已为人所熟知的词可以直接音译或者意译,如 chocolate(巧克力)、ice-cream(冰激凌)、hot dog(热狗)等。

此外,在翻译时,译者经常会遇到带有强烈地域特色的物品、工具、设施等,这些词汇很容易被误译。例如,西方国家汽车的使用很广泛,所以很早就有了 road-side business,按字面意思容易被误译为"路边商业",实际上根据具体情况应翻译成"汽车旅馆""汽车电影院"或"汽车饭店"等这样含有汽车概念的词语。另外,tea-shop 很容易按照字面意思误译成"茶叶商店",其实根据西方国家的文化特点,应将它译成"小餐馆"才更合适。

除了饮食文化之外,物质文化还包括其他非常广泛的内容,如东西方的日常用品、服饰文化等。请看下面两个例子。

例 1:That engineer designed a glass partition with Venetian blinds.

译文:那个工程师设计了一道活动百叶窗式的玻璃隔墙。

上例中的 Venetian blinds 不是"威尼斯盲人",而是指"百叶窗"。

例2：这个人的打扮与众姑娘不同，彩绣辉煌，恍若神妃仙子：头上戴着金丝八宝攒珠髻，绾着朝阳五凤挂珠钗；项上戴着赤金盘螭璎珞圈；裙边系着豆绿宫绦、双衡比目玫瑰佩；身上穿着缕金百蝶穿花大红洋缎窄裉袄，外罩五彩缂丝石青银鼠褂；下着翡翠撒花洋绉裙。

译 文：Unlike the girls, she was richly dressed and resplendent as a fairy. Her gold-filigree tiara was set with jewels and pearls. Her hair-clasps, in the form of five phoenixes facing the sun, had pendants of pearls. Her necklet, of red gold, was in the form of coiled dragon studded with gems. She had double red jade pendants with pea-green tassels attached to her skirt. Her close-fitting red satin jacket was embroidered with gold butterflies and flowers. Her turquoise cape, lined with white squirrel, was inset with designs in colored silk. Her skirt of kingfisher-blue crepe was patterned with flowers.

上例是《红楼梦》中对王熙凤服饰的细致描述。作者向读者展现了那个时代的服饰文化，译者将这些服饰一一进行了翻译，目的是想把这样的服饰文化传递给目的语读者。总之，在翻译的过程中，物质文化差异对翻译的影响也是不容忽视的，只有准确把握这些文化差异，才能更好地翻译文章，达到不同民族文化交流的目的。

（三）生态文化差异对翻译的影响

生态文化包括一个民族所处地域、自然条件和地理环境形成的文化，表现在不同民族对同一种现象或事物采用不同的言语形式来表达。

由于地域不同，生态文化存在差异，这对翻译有着一定程度的影响。英国是一个岛国，周围稠密的河流和漫长的海岸线蕴藏着极其丰富的渔业资源，故捕鱼业在英国的经济中占有相当重要的地位。因此，在英语中，与海洋、捕鱼、航海有关的词汇及习语数不胜数。例如，I'm all at sea 表示一个人感到茫然；to be in the same boat 形容处于同样的困境。中华民族由于发源于黄河流域，距离大海较远，汉语中的"海"大多具有神秘、遥远的意义，比如"天涯海角""海底捞月""苦海无边"等成语。在地域文化差异方面，这里再以一些谚语、习语为例来说明。

例如：

（1）Hoist your sail when the wind is fair. 好风快扬帆。

（2）A small leak will sink a great ship. 千里之堤，溃于蚁穴。

（3）Still waters run deep. 静水流深。

（4）to go with the stream. 随波逐流。

（5）no smoke without fire. 无风不起浪。

（6）cast pearls before swine. 对牛弹琴。

（7）like a duck to water. 如鱼得水。

（8）like a drowned rat. 像落汤鸡。

中国自古以来有"南面为王，北面为臣"、南为尊北为卑的传统。"南"的方位在说法上常常置前，所以经常说"从南到北，南来北往"。西方人从英语地域文化上来理解汉语中的"从南到北"，汉译英时应该翻译为from north to south。此外，由于气候和自然条件的制约，东西方常见的花草树木有所不同，这些花木也蕴含了不同的文化色彩。翻译时，应当注意某些花草树木所体现的文化内涵。例如，富含文化色彩的有rose（玫瑰），象征爱情；lily（百合），象征纯洁和美貌；oak（橡树），象征勇敢顽强；palm（棕榈），代表胜利；olive（橄榄枝），象征和平……在汉语中，梅、兰、竹、菊、荷花、松树、牡丹等象征意义最为丰富。

总而言之，每个民族都有自己的历史、文化、风俗习惯、社会规约、思维方式、道德观念、价值取向。这种反映特定言语特点的方式和因素构成了所谓的"文化语境"。文化差异就是"文化语境"一个很重要的表现。因此，在两种语言之间进行翻译，不仅要通晓两国的语言文字，还要深刻理解两种文化之间的差异以及这些差异对语言理解的影响，并采用适当的翻译方法。唯有如此，才能不仅做到语言意义上的等值，而且做到文化意义上的等值。

二、翻译中语用方面的文化差异

翻译教学中，文化因素的处理成为十分重要的任务。汉语译成英语时，不但文化的载体改变了，文化的读者环境也不复存在。这时就会出现两种情形：第一，译入语没有相应的词语来承载源语种的文化因素，形成词语空缺。第二，译文受众缺乏理解原文所需要的汉文化背景知识，或者以自己的文化背景去理解译文，造成误解。同时，我们应对原文文字中的文化含义有敏锐的感觉、充足的准备，对原文蕴含的文化背景在译语中进行适当的补充，对在异族文化中容易误解的概念进行必要的澄清，帮助译文读者跨越文化障碍，尤其注意概念意义不同，语用意义不同。

例1：一见面是寒暄，寒暄之后说我"胖了"，说我"胖了"之后大骂其新党。（鲁迅《祝福》）

When we met, after exchanging a few polite remarks he said I was fatter, and after saying that immediately started a violent attack on the revolutionaries. （Foreign Languages Press, 1972）

分析：中国读者容易理解"说我胖了"，因为这是中国人重逢时的寒暄语之一。但英美人士不明个中缘由，且忌讳肥胖，很容易以为是一种规劝和告诫。因此应增添解释性词语。试改译如下：

After exchanging a few polite remarks when we met, he observed that I looked "fat", and having made that complimentary remark he lauched a violent attack on the revolutionaries.

例2：（凤姐）这通身的气派竟不像老祖宗的外孙女儿，竟是嫡亲的孙女儿似的。（《红楼梦》）

译文1：And everything about her is distingue! She doesn't take after your side of the family, Grannie, she's more like a Jia.（Tr.David Hawkes）

Distingue：显赫的，高雅的，高尚的，上流的。

译文2：Her whole air is distinguished.She doesn't take after her father, son in-law four old Ancestress, but more like a Jia.（Tr.Yang Xianyi & Gladys Yang）

分析：凤姐在贾母面前称赞林黛玉，又说她不像贾母的外孙女，而像亲孙女，是在借黛玉恭维贾母。文中的"外"与"亲"字很关键。译文1中的"your side"讲的虽然也是真话，却并不中听，肯定不讨贾母的欢喜，也不是凤姐的用意。译文2用"her father"替代了贾母，既澄清了"外孙女"所含的语义关系，又达到原文语用的目的。

中西方文化渊源不同，自然导致两种文化之间的巨大差异，也给汉英两种语言带来浓郁的民族色彩。从形式上看，汉字是以方块为特征的表意文字，是形意结合体,具有形象性和可解性;英语则是以字母为特征的表音文字,具有抽象性和不可解性。从内容上看,尽管汉语和英语对某一事物的理解可能会有相通之处,甚至有一些不约而同的巧合,但对同一事物所产生的联想和文化意象却可能截然不同。例如,英语中有"burn one's boats"一说,而汉语里恰有"破釜沉舟"这一成语。前者出自古罗马恺撒大帝,他带兵乘船出击外邦时常常烧毁船只,使士兵断绝退路,狠下非战胜即战死的决心,后者则出自西楚霸王项羽,他"引兵渡河,皆沉船,破斧甑,烧庐舍,持三日粮,以示士卒必死,无一还心"(《史记项羽本纪》)。这可以说是两种文化中惊人的巧合。汉英两种语言中还有许多比喻体相同的文化重合现象,如纸老虎(paper tiger)、连锁反应(chain reaction)、独角戏(one-man show)、给某人开绿灯(give somebody green light)、肥缺(fat office)、苦笑(bitter smile)等。但是,中西方各民族因受不同文化习俗的影响,即使表达相同的概念,说法也是各不相同的,如胆小如鼠(as timid as a rabbit)、爱屋及乌(love me, love my dog)、非驴非马(neither fish nor fowl)、"山中无老虎,猴子称霸王"(In the country of the blind, the one-eyed man is king.)等。在翻译过程中不容忽视这些文化差异,应给予足够的重视。

总而言之,汉英文化差异的存在是一个不争的事实,译者必须客观地处理这些文化差异。这就要求译者不仅深入了解自己的文化,更要深入了解外国文化。正像奈达说的那样:"For truly successful translating, biculturalism is even more important than bilingualism."(对于一个成功的翻译来说,双文化能力比双语能力更为重要。)翻译者应真正理解原文的意思,尽力加强和增进不同文化在读者心目中的可理解性,尽量缩短两种语言文化间的距离,消除由于缺乏理解,甚至误解而造成的交际障碍,真正让译文成为传播文化的一种媒介。

三、英汉文化差异对翻译教学的启示

英汉文化差异是翻译中不可忽视的重要因素,它对翻译教学的启示主要体现在以下几个方面。

（一）重视培养学生扎实的语言功底

翻译是一种发生在两种语言之间的转换活动，要想译出优秀的作品，译者必须同时具备两种语言的扎实功底。然而，当前的翻译教学过程中，教师往往只关注学生的英语水平，而忽视学生的汉语水平。英语语言的学习具有很强的实践性，为了加强我国英语语言教育与学习，教师需要给学生传授知识。然而，更重要的是，学生需要自主地了解和学习英语文化，以加强自己的英语文化，更加熟练地掌握这门语言。

（二）扩大学生的知识面

翻译是一个涉及众多学科领域的活动，若不具备该领域一定的基础知识，将很难理解文本，也就很难翻译准确。就目前来看，我国很多学生还只是专注于课本知识的学习，对英美国家的文化知识所知甚少，一旦遇到文化问题就会手足无措，导致误译的出现。可见，有限的词汇量、匮乏的文化背景知识、狭窄的知识面等，是阻碍学生翻译水平提高的重要因素。为扩大学生的知识面，不少高校纷纷开设了一些包括西方文化以及文学方面的选修课，以培养学生对西方文化的兴趣与意识。在实际的翻译教学中，教师还应将英美文化知识和教学内容有机结合起来，通过对文化现象和文化差异的讲解，增强学生对英语中所包含文化现象的认识和理解。

（三）教学中注重文化差异

英汉文化的差异体现在很多方面，教师在翻译教学中应注重文化差异的渗透，以帮助学生了解常见的文化差异，提高学生的翻译能力。具体而言，教师在教学过程中应从以下几个方面着手。

1. 思维方式不同引起的文化差异

每一种语言都是该语言民族思维特征的体现。不同的民族有着各自不同的思维方式、思维特征。贾玉新认为，西方民族的思维模式以逻辑、分析、线性为特点，东方民族的思维以直觉的整体性与和谐的辩证性著称于世。西方人见长于分析和逻辑推理，因此思维模式呈线式；东方人长于整体，他们富于想象和依靠直觉，因此可以讲是一种圆式思维模式。

英汉思维方式是不同的，英语是形合语言，重视逻辑思维和理性；汉语是意合语言，重视辩证思维和领悟。例如：It is impossible to overrate the significance of the invention.（这项发明的意义再怎么评价也不会太高。）对于不了解英语表达习惯和思维方式的学生来说，这句就很可能被直译为"过高评价这项发明的意义是不可能的"。然而，这一译文与原文的含义相去甚远，原文想要表达的不是"过高地评价不可能"，而是"这个事物本身就不值如此好评"。可见在翻译教学中，英汉思维方式引起的文化差异教学同样重要，学生只有了解并把握英汉不同的思维方式，才能译出地道的文字。

2. 不同自然因素引起的文化差异

人们所生活的自然环境对人类生产、生活有着较大的影响，这些影响必然反映在语言中。由于中国和英美国家所处的自然环境不同，各自语言中有关自然环境的语言表达所具有的文化含义也有所区别。例如，中国的暖风从东边吹来，冷风从西边吹来，在英国则正好相反。因此，汉语中的"东风"是温暖的，具有积极意义；英语中的 east wind 却是寒冷的，具有消极意义。如果学生没有这方面的知识，在翻译中就很容易出错。

3. 不同风俗习惯引起的文化差异

英汉民族的习俗和对事物认识的差异在语言中的一个重要表现就是，那些包含动物的词语褒贬含义不同。例如，汉语中和"狗"有关的成语大多是贬义的，而在英美国家，dog（狗）被认为是人类忠实的朋友，大多含有褒义色彩；中国人把"龙"视为吉祥的象征，但是在英美国家，dragon（龙）被当作能吞烟吐火的凶残怪物。可见，教师在翻译教学中要重视这些由不同民族的生活习俗引起的文化差异，使学生能够妥善处理词语所具有的不同文化内涵，从而做出正确翻译。

4. 历史、宗教因素引起的文化差异

英汉民族无论是历史还是宗教都有着极大的差别。在翻译过程中，学生只有对各自不同的文化积淀有所了解，才能准确辨别翻译中的文化问题，进而采取有效的对策，实现忠实、通顺的翻译。以宗教为例：佛教对中国的影响深远，因此汉语中有很多和佛有关的成语，如"不看僧面，看佛面""借花献佛""临时抱佛脚"等；在英美国家，人们大多信仰基督教，因而英语中和 God（上帝）或《圣经》有关的表达很多。可见，教师在翻译教学中应有意识地教授一些西方的历史、宗教背景知识，以帮助学生准确地译出原文。由于英汉文化存在很大的差异性，所以教师在翻译教学的过程中要有意识地渗透两种语言及其文化所存在的差异内容，帮助学生准确把握语言背后的文化背景知识，从而提高其翻译能力，减少翻译中的文化误译现象。另外，教师还需要教授学生针对文化差异的翻译方法，如归化法和异化法等，以消除由文化差异因素而导致的翻译障碍。

第二节　修辞和习语的文化翻译

一、修辞的文化翻译

任何一个语言表达单位，首先是具有一定的思想内容，其次是有与之不可分割的某种色彩。在翻译过程中，必须弄清楚原文带有什么样的色彩意义，这种色彩意义是用什么样的修辞手法来表达的，以便翻译时在正确表达原文思想内容的基础上，进一步研究如何对等地再现原文色彩和表达效果。翻译的使命在于沟通信息，传情达意。它要求译者使用译语表达、再现时，必须在神、形、韵上尽可能地与原文保持一致。因此，译者下功夫锤炼语言，是保证翻译技巧达到纯熟的最重要环节。

修辞（rhetoric）一词在中国古籍中出现很早。《左传·襄公二十五年》中说过"言之无文，行而不远"。用现在的话来解释说，言辞如果没有文采，虽能行于一时，但不可能传之久远，由此可见修辞的重要。修辞学所研究的是如何极尽语言文学的可能性来恰当地表达一定的思想内容，也就是表达过程中的语言应用。这种语言运用具体体现在一定的语言手段和表达方式上。

（一）修辞的概念

修辞是运用语言的艺术。人们在表达思想的时候，不仅要求通顺，还需要在通顺的基础上，根据题旨、语境，非常准确而鲜明、生动地表达自己的思想感情，使语言的表达具有感染力量。修辞就是调整、润饰语言。换句话说，为了更好地表达思想感情，充分发挥语言的交际作用，根据题旨、情境，选择最恰当的语言形式来加强表达效果的语言活动,就是修辞。

修辞是运用各种形象性手段和表达方法,把话说得或把文章修饰得更加生动活泼,使语言表达更加准确、鲜明、生动、有力,以加强抒发感情、表达思想的功效。修辞同语法上的各种附加成分的修饰不同。语法的修饰只求对,只求合乎语法的正常规律;修辞,则不仅要求对,更重要的是美,以便对听者或读者产生更大的影响力和感染力。

(二)文化修辞学与翻译

在当今全球村的语境下,密切跨文化交流的时代已经来临。跨文化交流除了直接用国际通用语交流外,更多的则是通过语际的转译来进行。因此,翻译的主体译者及其所操用的言语包括语辞交流和文辞交流,便成为跨文化传统的枢纽所在。易言之,修辞文本(口头或书面的)的转换是在宏观的双文化语境下进行的翻译修辞,即跨文化修辞。因此,文化修辞学的构建就是跨文化交流学发展的必然结果,翻译主体欲想成功地担当桥梁作用,就必须深层地切入文化修辞学的探讨,因为说到底,翻译中,语言是形式或手段,内容则是文化。为了取得理想的效果,必须凭着修辞策略、修辞手段和修辞方法,尤其要掌握双语修辞的规律。在此,从比较文化学的角度对修辞概念、修辞传统等进行梳理和比较,乃是翻译学必须直面的主题之一。

作为一个词语,修辞可区分出修辞行为、修辞现象、修辞过程、修辞效果等;作为一个概念,修辞是人类的一种以语言为主要媒介的符号交际行为,是人们依据具体的语境,有意识、有目的地建构话语和理解话语以及其他文本,以取得理想的交际效果的社会行为。王希杰指出,在给修辞和修辞学下定义时,首先应当分清三个不同的概念:修辞活动、修辞和修辞学。修辞活动,是运用语言表达思想感情的一种交际活动;提高语言表达效果的规则,就是"修辞",是同语音、词汇、语法相提并论的修辞;修辞学则是研究提高语言表达效果的规律的语言科学,是一门以修辞活动为研究对象的科学。它是一门理论学科,也是一门应用学科,是内部的微观的结构语言学同社会的桥梁,是语言学面对社会的一个窗口。它同文学、美学、文章学、逻辑学、诗律学有着十分密切的关系。

（三）中西修辞观的比较

rhetoric 通常译为修辞、修辞学。常昌富指出：在英语中很少有几个词像 rhetoric 那样含义多、范围广。作为修辞讲时，在古典意义上，它是运用演讲来规劝或说服听众；在当代意义上，它是指包括言语在内的一切象征和文化活动与人的关系。作为修辞学讲时，它是一门研究人们如何运用演讲（古典意义上）和话语象征（当代意义上）来影响人的观念和行为的学问。刘亚猛指出：使他对修辞难舍难分的是，它作为一个概念的模糊性、吊诡性、争议性，以及作为一个学科因此而具有挑战性。在当代美国话语中流通的 rhetoric 一词，与当代中国话语中流通的修辞一词，所代表的是大不相同的两个概念和两种实践，将两者等同起来是一种误解和误译。他建议将 rhetoric 译为"西方修辞"。因为西方话语传统赋予 rhetoric 的任务不仅是研究如何更好地表达先已存在的思想，而首先是研究如何根据面临的"修辞形势"产生、发掘、构筑和确定恰当的话题、念头、主意、论点，也就是说，产生和确定按语境要求"该说的话"或"该表达的思想"。传统西方修辞的五大部门——修辞发明、谋篇、文采、记忆和发表，以修辞发明为首不是没有来由的。在西方，以各种名义和名目进行研究，一直处于扩张状态，从来就不曾只局限于文体学和辞格学的狭小空间。此说对于翻译修辞学的理论构建颇具借鉴意义。显然，对于翻译修辞学的研究，我们应有更为广大的认知视野，应当传统与现代兼顾，东方与西方兼容，以创新的视角汲取合理的内核和组分，方法则是比较与对照。胡光炜在 20 世纪 20 年代提出："今欲论中国修辞特先述西，以为比较。"他认为在中国和西方，修辞一词的来源和意义是相同的。例如"修辞"一词，其原出于希腊之 Rheo，意言水流，联想而及于言语，一如水流之不竭，遂移此名于言语，意言辩术。又英语赞能辩为 Flowing，意言流动。中土称能言者亦曰"口如悬河"。《诗·雨无正》："哿矣能言，巧言如流，俾躬处休。"（If you speak well/You will excel/And soon rise high.）他从中西修辞学比较的角度进一步论述道：西方修辞学从希腊起一直偏重口语，到了近世文艺复兴时才转向书面语，中国一开始就是书面语与口语并重，偏向书面语则远远早于西方。希腊修辞专注形式，至罗马时代才顾及内容，中国一开始就注意内容与形式的结合。只是中国历代学者论及修辞多片言只语，很少系统之作。因此，他痛惜中国修辞"发端虽遒，继响莫逮"，其分析不仅合理，而且在大力吸收国外先进理论的同时，指出我国古代修辞学的传统特点，是十分必要的。从翻译修辞学的角度来审视，由于中国传统修辞学研究偏重"文辞"，而对"语辞"重视不够，翻译学应当两者兼顾，不仅研究美学修辞，亦应研究交际修辞；不仅关注书面修辞，亦应关注口语修辞。因为翻译不仅涉及文体风格，亦涉及工作方式：笔译和口译。易言之，翻译思维学应当从认知心理学的角度，全方位地整合中西修辞观，建立起认知翻译修辞学的宏观理论框架。这不仅具有理论价值，亦具有实践意义。

（四）修辞格

修辞是言语表情达意中追求最佳效果的语言实践，修辞学研究的是语言多种同义表达形式中的最佳选择，它要解决的是言语表达效果是否优美、是否最佳的问题。英语语言历史悠久，历经多种语言的深度融合。英语修辞格主要是借助语义的联想和语言的变化等特点创造出来的修辞手法，具有多种社会语言功能，包括描写功能、美育功能、强调功能、委婉功能等。这些手法主要有比喻、借代、拟人、仿拟、委婉、夸张、对照、双关、反语、排比等。

1. 比喻

比喻从直觉与形象出发，"把一个事物的名称用于另一事物"（亚里士多德《诗学》），"用一个事物来理解另一个事物"（莱考夫、约翰逊，《我们赖以生存的隐喻》），变抽象为具体，化深奥为浅显。同时，亚里士多德在《诗学》中还指出，"比喻是天才的标志"。尼采也说，"人的认识在原则上就是隐喻性的"。在人类有了逻辑思维以来，隐喻性思维，包括直觉思维和形象思维，仍然是人类认识世界的主要方式之一，是人类从已知通向未知的桥梁。

比喻因其形象、生动，也是语言的快乐家园。比喻可细分为：明喻、隐喻、提喻等。

（1）明喻

明喻（simile）源于拉丁语 similis，其意"像（like）"，是英语里最常用、最简便的修辞格。它根据人们的联想，利用不同的事物的相似之处，借助比喻词 like、as、as if、as though 等，起到连接的作用，清晰地说明甲事物和乙事物在某些方面的相像。明喻中两种相似的事物，一个叫作"本体"，另一个叫作"喻体",本体和喻体之间用比喻词连接。英译汉时,"忠实"的原则不仅适用于原文的意义,也适用于原文的风格。英语中的各种修辞需要采用适当的方法还原,展现原文的语言风格。明喻以两种具有相同特征的事物和现象对比,表明本体和喻体的相似关系,常用比喻词等,英译汉一般尽量予以还原。

例 1:Suspicions amongst thoughts, are like bats amongst birds, they ever fly by twilight.

译文:疑心犹如蝙蝠,总在黄昏时出现。

例 2:Beauty is as summer fruits, which are easy to corrupt, and cannot last.

译文:美貌如夏日鲜果,易腐难存。

例 3:Nightfall, which in the frost of winters comes as a fiend and in the warmth of summer as a lover, come as a tranquilizer on this March day.

译文:在冬日严寒的时候,夜色来临,好像魔鬼;夏天闷热的时候,夜色来临,好像爱人;现在三月的时候,夜色来临,却使人心神平静。

如果比喻的意象具有独特的文化内涵,不熟悉原文文化的译语读者难以理解,译者须对比喻意象增加适当的说明,使译文意义清晰易懂。

例 4:The stage is more beholding to love, than the life of man. For as to the stage, love is ever matter of comedies, and now and then of tragedies but in life, it doth much mischief: sometimes like a Siren; sometimes like a fury.

译文:舞台较之人生更受惠于爱情。因为对舞台而言,爱情有时是喜剧,有时是悲剧;但对人生来说,爱情却总是招致灾祸,它有时候像一个塞壬,有时候像一个复仇女神。(Siren,希腊神话中一种半人半鸟的女妖,她们用迷人的歌声引诱航海者,使之触礁毁灭。)

(2)隐喻

隐喻(metaphor)是比喻的一种,其特点是,本体和喻体之间有相似性;本体和喻体之间不用比喻词连接,用判断动词 be 取而代之,甚至可隐去喻体,或者隐去喻体仅存本体,因此又称这种比喻为"简缩的明喻"(compressed simile)。隐喻直接将甲事物写作乙事物,两事物之间的联系和相似之处暗含其中。汉译英时,一般保留原文的比喻意象。

例1:Your soul is oftentimes a battlefield, upon which your reason and your judgment wage war against passion and your appetite.

译文:你们的心灵常常是战场,在此你们的理性与判断同你们的热情与欲望彼此交锋。

例2:Little do men perceive, what solitude is, and how far it extendeth.For a crowd is not company; and faces are but a gallery of pictures; and talk but a tinkling cymbal where there is no love.

译文:普通人几乎不知何为孤独,亦不知孤独可蔓延多广;其实在没有爱心的地方,熙攘的人群并非伴侣,如流的面孔无非是条画廊,而交口攀谈也不过是铙钹作声。

(3)提喻

提喻(synecdoche)是比喻的一种,其特征为:本体不出现,只出现喻体,这一点与转喻相似。另外,提喻的本体和喻体有整体和局部或局部和整体的关系。

例1:Many hands make light work.

译文:(谚语)人多好办事。

例2:Grey hairs should be respected.

译文:老年人应该受到尊重。

例3:No eye saw him, but a second later, every ear heard a gunshot.

译文:没有人看见他,可是瞬间,每个人都听到了一声枪响。

例4:He felt at ease with all the world.

译文:他悠然自得,与世无争。

例5:Australia beat Canada at cricket.

译文:板球比赛澳大利亚(队)战胜了加拿大(队)。

2. 借代

借代(metonymy)是用A事物的名称来代替B事物的名称。A、B两事物在某方面有着密切的联系,说到A自然会想到B。

例1:More often, the heart disease process progresses silently until symptoms occur because the pump is not supplying blood in sufficient quantity to other organs.

译文：更常见的是，这种心脏病在发作过程中并无症状，后来发生症状是因为心脏不能给其他器官供应充足的血液。

句中，用 pump 代 heart。医学上常按功能用泵比作心脏，用过滤器（filter）比作肾（kidney）等。

例 2：Generally, if carbides are to be used in wear application where they are not subject to impact loads, grades containing very small amounts of cobalt binder are specified.

译文：一般来说，硬质合金如用在耐磨损而不受冲击负荷的地方，则规定采用含有微量钴黏结剂的硬质合金。

句中用 grades 代 carbides。一般地说，由于英汉语借代习惯很不相同，汉译时通常译出实称。

例 3：I was up early and down late, set my own hand to everything, took dangers as they came, and for once in my life played the man throughout.（From The Wrecker by Robert L.Stevenson）

译文：我起早贪黑，每一件事都亲力亲为，危险面前不退缩。在我的人生中，第一次做了一个堂堂正正的男子汉。

例 4：The wolf and the pig mingled together in his face.

译文：他的脸上浮现出凶残与贪婪的表情。

例 5：Students in fifty schools are to act as guinea pigs for these new teaching methods.

译文：五十所学校的学生将作为这些新教学法的试验对象。

例 3 中 the man 原意为"男人"，用于代替具有典型阳刚之气特性的"男子汉"。例 4 中，the wolf 和 the pig 是两种动物。在英语文化里，狼是"凶残的"，猪是"贪婪的"，在汉语言文化里，狼也是残忍的，成语有"如狼似虎""狼心狗肺"等，但猪却是"愚蠢的"，有"比猪还愚蠢"之说。英语借代这两种动物来表达凶残与贪婪之人。例 5 中的 guinea pigs，第一层意思指动物，名称为"豚鼠"（a small animal with short ears and no tail, often kept as a pet）；第二层意思则指代人，意为"实验品或实验对象"（a person used in medical or other experiments）。

3. 拟人

拟人（personification）是一种修辞手法，用人来理解物，把物当作人来描写。修辞学专家 Bander 认为，personification is"attributes human qualities and ability to inanimate objects, animals, abstractions and events"。汉语修辞格拟人是比拟的一种，它是"根据想象，把外物（有生物、无生物或抽象概念）当作人来说、来写，把外物说得、写得俨然像人"。从英语 personification 和汉语拟人的定义来看，这两个修辞格基本上可以对应，都是把人以外的"物"赋予人的行为动作和思想感情，使无生命世界显得栩栩如生，从而引起人们丰富的联想。"look for""know"和"hurt"等用法，就属于拟人的修辞范畴。

英汉拟人两个修辞格基本对应的特点决定了它们的表达式也基本一致，主要有以下几种情况。

（1）把有生命物质当作人来描述

例 1：The hare laughed at the tortoise because he moved too slowly.

译文：野兔嘲笑乌龟，因为他行动极其缓慢。

例 2：Trees were dancing with the wind.

译文：树迎着风在飞舞。

例 1 中的 hare 和例 2 中的 trees 都是非人的动植物，这里要么会 laugh（嘲笑），要么会 dance（跳舞），通过拟人的手段，一幅幅鲜活的画面映入眼帘。这样的说法在汉语里也是普遍存在的，如"兔死狐悲""树欲静而风不止"等。

（2）把无生命物质当作人来描述

例 3：The colleges are looking for students that have the ability to meet the academic challenges of their college and need some form of assistance in helping with those.

译文：学院正在寻找有能力应对学院学术挑战并需要某种形式帮助的学生。

例 3 中的 look for 是人特有的行为，因为只有人才具备"寻找"的能力。汉语中也能找到类似的表达法，比如"知之为知之，不知百度知"。

（3）把抽象概念当作人来描述

例4：Fear knocked on the door.Faith answered.And look, there was no one there.

译文：恐惧敲门，信念去应门。瞧啊，门外没人！

例4中的fear和faith都是抽象概念，这里被比拟为像人一样会敲门、应门。其实，这句英语谚语说明一个道理：只要有信念，就没有什么可恐惧的。

（4）把事件当作人来描述

例5：The SAT helps the colleges know if the students would be capable of handling their academic curriculum based on knowledge.

译文：SAT帮助大学了解学生是否有能力根据知识来处理他们的学术课程。

例6：The SAT doesn't hurt the ones who have stayed focused and successful in school.

译文：SAT并没有伤害那些在学校里保持专注和成功的人。

高考被赋予人特有的行为"know"和"hurt"，这是对高考这件事的拟人化描述。在汉语"高考告别'独木桥'时代"中，人化的"告别"体现了人们对多样化成才道路的期盼。

4. 夸张

夸张（hyperbole）一词源于希腊语，原意是超过。这是一种故意夸大其词或言过其实的修辞手法，重在数量、形状或程度上增强气氛的渲染与感情的抒发，言语超越事物之间的寻常逻辑，却予人以事物本质的深刻印象。

例1：She smiled, and all the world was gay.

译文：她笑了，全世界都乐了。

例2：Where there is a way, there is Toyota.

译文：车到山前必有路，有路就有丰田车。

例3：His eloquence would split rocks.

译文：他的雄辩之犀利，能劈开磐石。

例4：It is the last straw that breaks the camel's back.

译文：骆驼负载太重，加根稻草就能压死。

six or seven of the best-looking boys in the senior class.

译文：(SER）不，她一点也不受欢迎；去年她被选为返校节的校花，今年被选为班上的秘书；而且你常常见到她跟高年级六七个最英俊的少年中的一个待在一起。

例句 4、5 和 6 中的 Lazy、just、wrong 和 not popular at all 分别用了带贬义的词或词语，而下文则分别用了带褒义的 works at least 10 hours every day、whose daggers have stabbed Caesar 和 she was elected… 来说明。

另外，例 5 又比较特殊，句中既用了带贬义的 wrong（错怪），又用了带褒义的 honorable men（正人君子），其后用 whose daggers have stabbed Caesar 反衬出正人君子血腥的本质。

6. 重复

重复（repetition）可称为反复或叠言，是一种修饰手段，主要是通过连续使用相同的词素、词、短语或句子结构，使语言更加紧凑连贯，同时突出某关键信息，增强语言感染力，达到强调之目的。此修辞格常用于诗歌、散文、演讲等。

（1）词素的重复

例 1：These coolies have been underfed, underpaid, undertaken, and everything but undertaken.

译文：这些苦力吃不饱，工资低，受尽欺凌。

例子中的重复部分为黏合词素 under-。此词素的重复凸显了苦力生活的悲惨。

（2）词的重复

①名词重复

例 2：—Did you hear that Bob stole money again ?

—Well, boys will be boys.

译文：—你听说鲍勃又偷钱了吗？

—唉，江山易改，本性难移。

类似的重复用法还有 "a hamburger is a hamburger（汉堡包就是汉堡包，天天吃，有什么好吃的）" "business is business（生意就是生意，在商言商）""war is war（战争就是战争，是无情的）"。这些名词重复的语义域比字面的意义宽，蕴含与该名词特性相关的"无所谓""无情可讲"等意义。

②动词重复

动词的重复常体现动作的反复性。这一现象和汉语的动词重复极为相似。

例3：They knocked and knocked.

译文：他们敲了又敲。

③形容词和副词重复

例4：He is an old old man.

译文：他是一位很老的长者。

此句中的形容词old用了重复，其意思相当于"He is a very old man"。

例5：He talked on and on and on.

译文：他不停地在谈。

此句中的on and on and on是副词的重复现象，所表达的真正含义为"他好啰唆"，表示说话人的厌烦情绪。此外，形容词和副词的比较级也常用more and more 模式来重复进行强调。

④感叹词重复

感叹词的重复在英语语篇中不常见，多出现在口语表达中。

例6：Would you please please please please please please please stop talking?

译文：求你了，不要讲话了，好吗？

此例句中用了感叹词please重复，表达一种强烈的请求，表示说话人的"极不耐烦"。

（3）短语、句子和结构的重复

短语、句子和结构的重复在英语中也很常见。

例7：I agree with every word you've said- every single word.

译文：我同意你说的每一句话。

例8：We remain the most prosperous, powerful nation on Earth.Our workers are no less productive than when this crisis began.Our minds are no less inventive, our goods or services no less needed than they were last week or last month or last year.Our capacity remains undiminished.

译文：我们仍然是地球上最繁荣强盛的国家。与危机爆发时相比，美国工人的生产力并未下降。我们的创新能力并未下降。我们的商品和服务像上星期、上个月或去年一样，同样受到顾客的青睐。我们的能力并未消减。

例9：Blood must be stoned for blood.

译文：血债还要用血来还。

例10：The solder faces the powder while the beauty powders the face.

译文：战士阵前面对生死，美人帐下涂脂抹粉。

例11：For the sky and the sea, and the sea and the sky Lay a load on my weary eye.

译文：因为那天与海，海与天，像重担一般压住了我的倦眼。

例8来自美国前总统奥巴马的第一次就职演说，文中的 no less 位于句子的述位部分，故称其为尾语重复或尾语反复；例9中的 blood 位于句首和句尾，是首尾重复或首尾反复；例11中的 the sky 和 the sea 在后面反复，但反复的顺序是 the sea 和 the sky。

二、习语的文化翻译

（一）习语翻译

习语（idioms）通常包括成语、俗语、格言、歇后语、谚语、俚语以及行话等。其表现形式、音节优美，音律协调，或含蓄幽默，或严肃典雅，言简意赅，形象生动，妙趣横生，给人一种美的享受。语言是文化的载体，又是文化的重要组成部分。习语作为语言中非常活跃的因素，包含着丰富、复杂的文化信息。因此，做到彻底精确地理解蕴含深刻文化内涵的习语是相对比较困难的。

习语的翻译要求译者在广泛了解他国文化的同时，忠实传达本国文化的价值，真正做到不同文化间的交流。英语习语的翻译标准是忠实和通顺。所谓忠实，首先指忠实于英语习语所表达的意义，对其不能随意地更改或杜撰；其次指忠实于英语习语的风格和色彩，甚至文化价值观等。所谓通顺，是指英语习语的译文必须通顺易懂，符合汉语的表达习惯。

一般来说，英语习语如在形、义上与汉语习语完全相同或是基本相同，一般可采用直译。直译不仅能再现原文的意义和语言形式，还能保持其生动的比喻和独特的表达手法，让读者体会原习语的风采。但是当有些习语直译后，仍不能把原意清楚准确地表达出来，就可采用直译加注释法。套译就是借用汉语成语来翻译。由于文化背景不同，原文的形象有时不符合中国文化习俗，如直译出来的寓意让人颇为费解，这时大多可以采用套译。英汉习语形异义似时，有时可采用这种译法。当直译原文结果会令人费解或造成误解时，同时使用套译的结果又不理想时，则采用意译。当直译和意译都达不到翻译的理想效果时，就可以采用直译加意译的方法。这种译法既能保持原文的比喻形象，同时又能明白清楚地表达寓意。

（二）习语的定义和理解

按照中国商务印书馆和英国牛津大学出版社联合出版的《牛津高阶英汉双解词典》对英语 idiom 的定义是："phrase or sentence whose meaning is not clear from the meaning of its individual words and which must be learnt as a whole unit."（习语；成语；惯用语）这里要注意到如下几点：第一，其汉语译名是"习语；成语；惯用语"，为了节省篇幅，我们把它简称为习语。第二，其英语定义所强调的是习语的语义，不是其构成成分——单个单词的意义总和，而必须当作整体来掌握。用索绪尔的话讲，构成成分总和的"能指"并不等于它们总和的"所指"。第三，习语既可以是短语，又可以是句子。句子类的习语实际上相当于谚语。

短语类的习语请看 see the light 和 rain dogs and cats，它们的语义不能按照单个单词的总和来理解，不然就是"看见光"和"下狗和猫"，如果这样理解就是刚才英语定义中所说的 whose meaning is not clear from the meaning of its individual words（如果从单个单词的语义上看，语义则不清楚），可是如果"当作整体来掌握"，它们的语义分别是"明白"和"下极大的雨、下瓢泼大雨"。再如作为句子类的习语"all shall be well.Jack shall have Jill"和"a man has his hour, and a dog has his day"，如果按照各自的构成成分——单个单词的意义总和来讲，都既啰唆又语义不清：前者是"一切都好，杰克有了吉尔",后者是"人有自己的时刻,狗有自己的日子"。事实上,其整体的语义分别是:"有情人终成眷属"和"人有称心时,狗有得意日"。

(三)固定习语的翻译

有些固定搭配是由两个或两个以上的单词组合而成的。虽然各单词有自己的意思,但翻译时应连在一起。

例1:At sixes and sevens.

译文:七上八下。

例2:Safe and sound.

译文:安然无恙。

例3:For good and all.

译文:永远。

例4:Heart and soul.

译文:全心全意。

从以上举例可以看出,词组层的翻译往往多出现在英语习语和其他一些固定搭配上,应作为整体翻译处理。作为固定词组,习语具有整体的意思,除少数能够直译外,一般应作为整体进行翻译。

例1:There is no need for you to beat around the bush.

译文:你没有必要旁敲侧击。

例2:Although she was born with a silver spoon in her mouth, she was very frugal with her money.

译文:虽然她出身富贵之家,却很节俭。

例3:His sudden death came as a bolt from the blue.

译文:他的突然去世,犹如晴天霹雳。

以上句子中的词组须作为一个独立的翻译单位进行翻译,不能拆开也不能逐词翻译。其他的例子如下所示。

例1:The last but not least.

译文:最后但不是最不重要的。

例2:To take French leave.

译文:不辞而别。

例 3：To teach fish to swim.

译文：班门弄斧。

例 4：A black sheep.

译文：害群之马。

例 5：A wet blanket.

译文：令人扫兴的人。

例 6：From Afghanistan to Zimbabwe

译文：全世界。

（四）习语的文化翻译策略

习语具有丰富的文化内涵，很多专家从文化的角度来研究习语的翻译，重点研究文化因素对翻译的影响。彼特·纽马克（Peter Newmark）在其著作《翻译教程》一书中把文化归为以下五种类型：生态文化环境、物质文化环境、社会文化环境、社会组织形式、体态和习惯。习语如同诗歌一样是语言的精华。英语习语是英语国家人民通过对生活的提炼而创造的富于色彩的语言形式，具有生动形象、喻义明显、富于哲理的语义特征。在一定程度上，英语习语都处于广袤的民族文化氛围中。因此，对英语习语的理解，不能仅仅将构成习语的词汇之间的意义相加，应更多注意英语习语字面以外所特有的语言内涵色彩。如是否有典故，出自哪种文化背景等。同样，在翻译时，光寻求对等的表现形式是不够的。译者还必须较多运用汉语的表现手段，力求能再现英语习语的语言风格和文化内涵，使译文讽喻得当，宜于说理，又不失原来习语所具有的语言形象；要创造转换文化的手段，以加深对异族文化的了解。

1. 易其形式，存其精神

翻译英语习语时，有时发现有些英语习语在语言习惯和文化背景方面与其相对的汉语习语之间存在某些差异，所比喻的事物并不一样，但它们的喻义却相互吻合，表达方式也很相似。于是，翻译这些英语习语时，就要易其形式，存其精神。这样可使译文既喻义明显，又可再现原文所具有的语言效果，容易达意。

例 1：No smoke without fire.

译文：无风不起浪。

例2：Nothing brave, nothing have.

译文：不入虎穴，焉得虎子。

例3：He sets the fox to keep the geese.

译文：引狼入室。

例4：Like a rat in a hole.

译文：瓮中之鳖。

例5：Putting the cart before the horse.

译文：本末倒置。

以上谚语所比喻的事物都不一样，但它们的喻义却相吻合。如例3中，英语"用狐狸来看守鹅"来说明做蠢事，而汉语中"把狼带进家里"来说明做蠢事。又如，例5中英语"把车放在马前面"来说明做事不符合逻辑，而汉语中用"树根与树梢倒着放"来说明做事不符合逻辑。

2. 传递信息，近似对等

语言学家认为，语言具备两个基本要素：一是有声的符号系统，二是为交际服务。在交际过程中，不同语言的语音、语法、词汇所构成语言语境不可能完全对等，不可避免地产生文化差异。美国翻译理论家奈达提出功能对等理论，包含两种对等：一种是形式对等，另一种是内容对等。他认为语言尽管形式不同，但可以有相同或相近的功能，翻译过程寻求两种语言的功能对等，即传递信息。在他看来，翻译不仅要反映表层结构形式对应，更主要的是反映深层结构的功能对等。奈达指出："语言中所使用的词汇，只有放在特定的文化环境里才有意义。"如欧洲始于游牧民族，马十分重要；英国是岛国，与水有缘。中国是农业国，牛在农业中地位十分重要；同时，中国土地辽阔。因此，我们把 as strong as a horse 翻译成"力大如牛"，spend money like water 翻译成"挥金如土"，Fools rush in where angels fear to tread 翻译成"初生牛犊不怕虎"。翻译时注重了语用效果，舍弃完全形式对等，将译语中带有文化色彩的表达方式替代源语中带有文化色彩的表达形式，以求达到最小功能对等，即近似对等。

3. 传播文化转换思维

习语的翻译在很大程度上是文化传播。习语翻译的最重要目的是向目的语读者传达原语习语的意义，并尽可能保存原语中的形象。由于习语植根于各个民族的特有文化中，在翻译过程中可能存在一些不可逾越的鸿沟，但不能因为有"鸿沟"就不去翻译，不翻译是不可取的态度。如何采用恰如其分的方法翻译这些习语，对跨文化交际起着至关重要的作用。正如卡特福德所说，"翻译理论不能只研究语言问题，还要研究不同语言和不同文化的对比，研究从一种语言到另一种语言的转换过程中的心理机制和思维过程"。

英语习语来源于不同历史文化背景，丰富多彩，比喻贴切，描绘人的内心世界，展示人的聪明才智，揭示自然规律，多方位、多视角传播人类文明。因此，理解习语要充分把握其来源、语义特征。由于不同的文化背景和民族心理，看似与汉语词义相近的英语习语，其心理联想却不一样。因此，翻译时要根据其特征，对特定语境中的意义加以分析，灵活地选词择句，寻求最佳的语言表达方式。应注意不能望文生义，如将 pull somebody's leg 误译成"拉某人后腿"，其本意应该是"开某人玩笑"。还应注意不能随意套译不同含义的习语，如把 in the same boat 套译成"同舟共济"是不对的，因为英语的 in the same boat 指 in the same trouble，含消极意义，而汉语"同舟共济"则比喻"齐心协力"，有积极意义。总之，习语翻译不易，要认真思索，勤查资料，正确翻译，以达到传播不同文化、跨文化交际的最终目的。

第三节　英语国家文化习俗的翻译

一、人名文化习俗翻译

英语人名一般由两部分组成，即赋名＋姓氏。其排列顺序（名前姓后）与汉语人名恰好相反。这主要是因为英语民族自古以来就有重视个人、强调个性的传统。

（一）赋名

英语赋名一般由前名（教名）和中名构成。英语国家的孩子在出生后，通常要在教堂接受洗礼，然后由牧师或父母亲朋为其取名字，故前名亦称为教名。中名位于前名和姓之间，可有一个或一个以上，也可以没有。中名通常只有在办理公务或签署文件时才使用。书写时前名和中名都可以用缩略形式，如 T.S.Eliot；也可用中名的缩略形式，前名保留原样，如 George W.Bush；或前名用缩略形式，中名保留原样，如：J.Robert Oppenheimer。

首次提及某人姓名时，应准确写出其全名。如 Michel Friedman Rust, Jr.Victoria M. Sackville-West 等，且书写或打印时必须准确，如不可忽略第一个人名中的 Jr. 或第二个人名中 Sackville-West 间的连字符号；再次提及该人名时则只需写出姓氏即可，如第一个人名中的 Rust 及第二个人名中的 Sackville-West。当然，若提及的数个人名中有同姓者，则仍应写出全名以示区别。但是，对于众人皆知、万人景仰的名人大家，如 Einstein、Shakespeare、Mozart 等，即便首次提及，亦无必要写出其全名。

（二）姓氏

最初大多英语姓氏来源于名，具有多民族性、浓厚的宗教色彩和丰富的生活色彩。起初，人们只有名没有姓。9世纪后，英国资本主义迅速发展，人口急剧上升，越来越多的人选用相同的人名，造成极大的不便。于是，人们便在名字后面加一个固定的符号，这便是姓。14世纪中叶，姓开始固定下来，到16世纪末姓成为全民共识。随着时代的发展及交际的需要，姓氏得到扩展，主要表现为以下几个方面。

1. 以动物名称为姓

英语民族通过对日常生活的观察和体验，往往对某些动物所具有的气质、体貌或习性有特殊的偏爱，于是就把某些动物的名称移植到人名之中。例如：Bear 贝尔：熊（笨人）、Bee 比：蜜蜂（大忙人）、Bird 伯德：小鸟、Swallow 斯沃洛：燕子、Swan 斯旺：天鹅（人貌美）、Veal 维尔：小牛（听话的人）、Whale 惠尔：鲸（笨拙的大个子）、Wolf 沃尔夫：狼。这表明英语民族持姓人祖辈或从事某一类畜牧业，或赏识某种动物，赞叹其独具优势的某种本能、特征、外貌、性情、姿态等，因而取之为姓。

2. 以植物、花草名称为姓

Apple 阿普尔：苹果、Bean 比恩：蚕豆、Bush 布什：灌木、Plum 普拉姆：李树、Stock 斯托克：紫罗兰、Thorn 索恩：棘丛（地貌名称）、vine 瓦因：葡萄（种植葡萄的人）、Straw 斯特劳：稻草（稻草制品经营者）。以果木花卉名称充当人名是世界上许多民族用字（词）的共同规律，且十分普遍。一是英语民族持姓人祖辈是某植物的种植者或种植能手；二是绿色植物寓意着生机、和平、丰硕与希望，花果昭示出美丽、幸福、丰收与成果。

3. 以颜色为姓

Black 布莱克：黑色（肤色黑或黑发的人）、Blue 布鲁：蓝色、Brown 布朗：褐色（头发或皮肤带褐色的人）、Dark 达克：黑色（头发或肤色带黑色的人）、Pink 平克：粉红色、Red 雷德：红色、Scarlet 斯卡利特：猩红色（鲜艳织物的印染者）、Violet 瓦奥莱特：紫色、White 怀特：白色（白发者或肤色苍白者）。这些充当姓名的颜色词反映出持姓名的祖先，或偏爱某种颜色借以表达一种意向，或属于某类肤色的人种。

4. 以民族、国家名称为姓

Angles 安格莱斯：盎格鲁人、Britain 布里顿：大不列颠、England 英格兰：英国、Ireland 艾尔兰：爱尔兰、Roman 罗曼：罗马人、Scotland 斯克特兰：苏格兰、Spain 斯佩恩：西班牙、Welsh 韦尔什：威尔士人。

（三）英语人名的文化内涵

通过对英语人名的系统剖析，不难看出人名作为民族文化的一部分，其丰富性和多样性蕴藏着深刻的文化内涵，反映民族的历史、文化和人们的信仰与追求。具体表现在以下两方面。

1. 英语人名中蕴含的宗教和神学文化

宗教和神话都是人类最初的文化形态，对人们的世界观有着或深或浅的影响。7世纪，基督教传入英国，而后成为英语国家的主流宗教。到12世纪时，宗教势力已经影响着人们生活的各个领域。16世纪时，罗马天主教规定，教徒洗礼时的教名必须选自《圣经》，以示对上帝的虔诚和尊敬。到17世纪，《圣经》中出现的名字几乎都被选用。耶稣基督共有12个门徒，除了叛徒Judas外，其他人名均为常见名，如John、Mathew、Peter、Ames等。女性圣人的名字也被人们所喜爱，例如 Mary（玛莉亚）是耶稣基督的母亲，An（安）是圣母玛利亚的母亲，Elizabeth 是圣人 John 的母亲，Catherine 是圣人 Peter 的妻子。另外，《旧约》中圣人的名字也常被选，如 Adam（亚当）是上帝创造的第一个人，Eve（夏娃）是上帝创造的第一个女人，Abraham 是犹太教的创始人，Sarah 是 Abraham 的妻子等。

古希腊罗马神话是欧洲文明和世界文明的重要组成部分，也是英语名字的来源之一。如 Cindy（希腊的月亮女神）是 Cynthia 的简写形式，来源于希腊语 Kynthos，代表着理想主义、自我中心主义、敏感、完美主义、耿直等。Diane 来源于其法语形式 Diana，最初起源于罗马神话中自然和丰产的女神。有一些名字来源于其他民族的神话或传说，如 Bertha 是德国传说中的人物，这个名字现在代表着善良、慷慨、关爱、理想主义等。Arthur 则来源于英国的传说《亚瑟王和他的圆桌骑士》，与此相关的性格特征是高贵、忠诚、勇敢、荣誉感强、同情和乐于帮助妇女和弱者。以上这些人名，一方面体现了父母对宗教的虔诚，以及对美好事物的向往和追求；另一方面，反映了宗教和神话对家庭乃至民族的影响。

2. 英语姓名折射出的英国历史

英国是一个岛国，早在前 1000 年就受到欧洲大陆凯尔特人的入侵。前 1 世纪，古罗马人入侵该岛，后来遭受盎格鲁—撒克逊人的入侵，以及后来丹麦人的入侵。11 世纪，英国经受了一次最大规模的外族入侵。讲法语的诺曼人征服了整个英国并统一了这个国家。一次次的民族危机，不仅造就了大批驰骋沙场的民族伟人，而且涌现出一批批文学巨匠、诗人及科学家。他们用科学技术来鞭策和激励人民，去争取自主、民主、平等、自由。后人为了记住这段历史并希望自己的子女也能像那些名人一样成为栋梁之材，便用他们的姓或名为其子女起名。如 Victoria（来自 Alexandrina Victoria，1819—1901，英国历史上在位时间最长的国王之一）、Byron（来自 George Cordon Byron，1788—1824，英国著名诗人）。英国父母用历史名人或名作中的人物给孩子起名，一方面表现父母对子女寄寓的厚望；另一方面，表达对这些历史名人的纪念和尊敬之情，透露出他们对国家历史的重视和对未来美好生活的追求。

二、称谓文化习俗翻译

和中国相比,英语国家的称谓习俗要简单一些。中文对称谓分得很细,各种级别都有其独自的称呼。英文往往是一种称谓可表现多种身份,如 president、chief、head、chairman、director 等。具体来说,称谓的翻译有以下几种。

(一)通称

英语中也有不少用于社会各界人士,不分职务或职业、年龄的称谓语。Sir(先生、阁下)和 Madam(夫人、女士、太太、小姐)是一组男女对应的敬称语,实际上它们分别源于历史上用于封建贵族的两组敬称语:Sir 和 Lady、Monsieur 和 Madame。后边一组又源于法语,Monsieur 常用来称呼男士,意为先生;Madame 则用来称呼女士,意为"女士、夫人、太太"。使用过程中,这两组敬称语慢慢失去用来称呼贵族的规范,而泛指社会上的男女人士。后来,这两组称谓语又分化改组,出现 Sir 和 Madam 的新搭配。

Sir 和 Madam 一般不与姓氏连用,用于不是很亲密的人际关系之间,如下级对上级、服务员和顾客、晚辈对长辈等。包括陌生人之间称呼男士,也为 Sir。Madam 是对陌生女性的尊称。Sir 可以和姓名或教名连用,但不能和姓氏连用。当它和姓名或教名连用时,它就不是表示先生的含义,而是此人的爵位。如 Sir John(约翰爵士)。Madam 以前可以和教名连用,但现在主要和姓氏或职称连用。如 Madam Green(格林夫人)、Madam President(总统女士或总统阁下)。

英语中的 Lady 也是一个用于女士的称谓语,一般用于称呼尊贵的夫人,采用 Lady+ 姓氏的方法,如 Lady Green。它还常常用来称呼贵族或有地位的人的妻子或女儿,如 Lady Cliton。Lady 也可以和职称连用,如 Lady General Manager。Lady 作为一个敬称,它的单、复数形式可以单独使用。如:"This is your dress, Lady." "Good evening, Ladies."

Mr. 和 Mrs. 是英语中另外一组敬称语。Mr. 是 Mister 一词的缩略形式。Mister 是从 Master(男主人)一词变化而来的。Mrs. 是 Mistress(夫人、小姐）一词缩略而来。这组称谓可以和姓氏或姓名使用，但一般不和教名连用。Mr. 多用于对无职称或不了解其职称者的称呼，语气正式，关系不密切，如 Mr.John Green 或 Mr.Green。Mr. 也可以和职称连用，如 Mr.President。在某些领域，表现出色的某些人可以和他从事的运动或职业连用，如 Mr.Soccer（足球先生）。Mr. 如果不和姓名连用，需要写作 Mister。Mister 单用时有时会反映出说话人对听话人的不满，如："What are you doing on earth, Mister?"（你究竟在干什么啊，先生？）Mrs. 是用于对已婚妇女的称谓，和其丈夫的姓氏或婚礼后的姓名连用。Ms.（女士）是英语中近年来出现的一个女性敬称词。实际上，它是 Mrs.（太太）和 Miss.（小姐）合成而来的。人们使用这一称谓时，要和妇女本人的姓名或姓连用。据说该词的出现是妇女争取平等的产物，是和 Mr. 一词平等的称谓语。Miss（小姐）是对未婚女子的称谓语，语气正式。一般情况下，小姐一词要与姓氏或姓名连用，如 Miss Smith。在一般情况下，小姐一词不能和教名或首名连用。值得人们注意的是，人们对自己不熟悉或不了解的女性，包括年龄大的女性，也开始用小姐相称。这反映了女性都喜欢自己永远青春的心理。

（二）职务称谓

英语中也有职务称谓，就是使用职务或职称来称呼他人。一般的做法是：职称+姓氏，如 Dr.James（詹姆斯博士）、Professor Smith（史密斯教授）、Dr.Green（格林大夫）。有职称的人更喜欢别人用职称+姓氏来称呼自己。英语中还有一类职务称谓，如 Queen Mary（玛丽女王）、Princess Grace（格瑞斯公主）、General Patten（巴顿将军）、Judge Henry（亨利法官）、Father Black（布莱克神父）。对国王或女王需要说 Your Majesty、His Majesty or Her Majesty（陛下、国王陛下或女王陛下）。对亲王要说 Your Highness（殿下），对法官要称 Your Honour（先生或阁下）。中国人与带职称的人交际时，往往以职称+姓氏或单用的形式相称，如孙处长、刘局长、张科长。

（三）职业称谓

英语中还有一些职业的称谓，如 waiter（男侍者、男服务员）、boy（旅馆、餐厅的男服务员、男勤杂人员或家庭男仆）、conductor（汽车售票员）、usher

例 5：It took a few dollars to build this indoor swimming pool.

译文：建造这座游泳池没花几个钱。

例 6：Miss Sharp browed her head, and had never uttered a syllable.

译文：夏普小姐，低着头，一个字也不说。

5. 反语

故意用实际意义与字面意义相反的词语或句子来表达，即说反话，这种辞格叫反语。通常表现为正话反说，或反话正说。

正话反说即是用褒义的词语来表达贬义的含义。

例 1：You've got us into a nice mess.

译文：你已经使我们的处境很妙了。

例 2：It must be delightful to find oneself in a foreign country without a penny in one's pocket.

译文：身无分文，流落异国他乡，一定是件令人愉快的事情。

例 3：He was such a marvelous teacher that whether he recognized a spark of genius you could be sure he'd water it.

译文：他是一个了不起的教师，如果他发现一点儿天才的火花，你可以相信他一定会把它浇灭。

例句 1、2 和 3 分别用了褒义词 nice、delightful 和 marvelous，而下文则分别用了贬义 mess、to find oneself in a foreign country without a penny in one's pocket 和 whether he recognized a spark of genius you could be sure he'd water it 来衬托上文褒义词相反的意义。

反话正说即用贬义词语来表达褒义之含义。

例 4：Yes，he is "lazy"．He just works at least 10 hours every day.

译文：是的，他"很懒"，每天仅仅学习不少于 10 个小时。

例 5：I feel I "wrong" the honorable men whose daggers have stabbed Caesar.

译文：我恐怕"冤枉"了正人君子们，他们杀死了恺撒。

例 6：No，she is not popular at all: she was elected homecoming queen last year class secretary this year; and you can usually find her with any one of

（剧院领座员）等，使用时，人们一般直呼这些称谓而不使用姓氏。

在英语国家，称姓、称名、称全名、用昵称的情形都有。在一般社交中，直呼姓氏或姓名的做法不多见，大多发生在主人对奴仆、上司对下属、警察对犯人、中小学教师对学生上。在英语国家的姓名称谓中，用得最为普遍的是首名或教名。以名相称是彼此熟悉、关系密切的体现。兄弟姐妹之间都可以以名相称。在美国的大学里，教师或教授对学生可以使用学生的教名，学生也可以直呼教师或教授的名字。对公司或单位的上司，除非已经形成使用首名的习惯，否则以不称首名为好。对自己的商业客户或委托人除非他们本人要求，也不宜称呼他们的教名。对于诸如外交家、州长、教授等级别较高的人士，也要避免以名相称。对为你提供服务而又不是你的个人朋友的自由职业者如医生、律师等人，也不宜使用教名。同样，这类人士对你也不宜以教名相称，除非你特别要求他们这么做。

三、问候文化习俗翻译

人们见面或相遇时有互致问候或打招呼的习惯，这是世界各国共有的礼仪。但是问候的内容、言辞和方式不同。问候是交际开始的标志。不管是在中国还是英语国家，问候大致分为语言问候和非语言问候两类。前者是通过语言行为进行的问候，如"您好""您怎么了"；后者是指人们见面或相遇时，由于各种原因，不能口头打招呼，而是通过点头、微笑或挥手致意等面部表情或体态动作进行的问候。根据问候的不同方式，语言问候分为以下几种。

1. 祝愿式问候，如：Happy every day、Best wishes、Merry Christmas 等。
2. 关心式问候，如：How are you? How is it going? What's up?
3. 交谈式问候，如：It's a fine day today, isn't it？ It's a terrible day today. 英语中的交谈式问候不多，是因为中国人比较关注他人的生活或工作状况，多问两句是一种关心的表现。西方人多把生活或工作的某些具体状况视为隐私，他们的习俗要求人们避开这类话题。英语国家的人谈天气较多，因而也有以谈天气互致问候的习惯。天气是个中性题目，它不涉及任何个人隐私，谈谈是没有问题的。
4. 称谓式问候，如 Mary、Jack、Dr.Wang、Miss Smith 等。

5. 称赞式问候。中英文里都有以称赞的方式向对方致意,但是这类问候在英文中使用频率不多。

非语言问候主要是体态式问候,一般是由客观条件决定的。当交际双方正在匆匆行走,或者两人相距较远,或者身处嘈杂的场所等情况下,体态式的问候就成为唯一可行的办法。这类问候按照不同的体态动作,分为举手致意、点头致意、欠身致意、脱帽致意、微笑致意等。

四、地名文化习俗翻译

(一)地名翻译原则

一般英语地名的翻译遵循"音译为主,意译为辅,音意混译和习惯译名"的原则。以下介绍几种常见的英语地名翻译方法。

第一,音译法。英语地名中的人名部分一般都要采用音译法翻译,如Ball(La.)鲍尔(路易斯安那)、Bellflower(Mont.)贝尔弗劳尔(蒙大拿)、Branch(Miss.)布兰奇(密西西比)、Goodnight(Tex.)古德奈特(得克萨斯)、Covada(Wash.)科瓦达(华盛顿)、Tendal(La.)滕达尔(路易斯安那)。

第二,意译法。通过意译法翻译可以充分体现地名中的文化内涵。所以,要想表现地名的文化内涵,意译可以说是最佳的选择。意译法通常适用于以下几种情况。

1. 英语地名中的通名通常意译。例如:City Island(N.Y.)锡蒂岛(纽约)、Fall City(Wash.)福尔城(华盛顿)、Horseshoe Reservoir(Ariz.)霍斯舒水库(亚利桑那)、Good Hope River(Alaska)古德霍普河(阿拉斯加)。

2. 以数字、日期命名的地名须意译。例如:Thousand Islands(N.Y.-Canada)千岛群岛、Ten Thousand Smokes,Valley of(Alaska)万烟谷(阿拉斯加)、Three Lakes(wash.)三湖村(华盛顿)、Four Peaks(Ariz.)四封山(亚利桑那)。

3. 以人名命名的地名中的街称须意译。例如:King George County(Va.)乔治王县(弗吉尼亚)、Prince of Wales Island(Alaska)威尔士王子岛(阿拉斯加)。

4. 地名中修饰专名的新旧、方向、大小的形容词须意译。例如：Big Canyon River(Tex.) 大峡谷河（得克萨斯）、East Chicago(Ind.) 东芝加哥（印第安纳）、New Baltimore(Ohio) 新巴尔的摩（俄亥俄）、North Anna river(Aa.) 北安娜河（弗吉尼亚）、Great Smoky Mountains(N.C-Tenn.）大雾山（北卡罗来纳田纳西）、Old Woman River(Alaska) 老妇河（阿拉斯加）。需要指出的是，地名中修饰通名的形容词需要音译。例如: New Lake(N.C.) 纽湖（北卡罗来纳）、West(Miss.) 韦斯特（密西西比）。

第三，音意混译。所谓音意混译，是既照意思，又按发音翻译。例如，在翻译"新"字地名时，冠首的 New 用意译，译成"新"；后面的部分用音译，按其原文发音译。如 NewDalhi 译成"新德里"；New England 译成"新英格兰"；New Jersey 译成"新泽西"；New Caledonia 译成"新加利多尼亚"；New South wales 译成"新南威尔士"，这个名词中的 South 也是意译；New Orleans 译成"新奥尔良"；New Plymouth 译成"新泼力墨士"；New Zealand 译成"新西兰"。地名翻译除使用上述方法外，还应注意以下几点。

1. 有些译名译自其他外国语，须遵循名从主人的原则，即按原语言的发音来译，这就造成汉语译名与英语地名发音不一致的现象。例如，Paris 译为"巴黎"，而不是"巴黎斯"。

2. 有些英语地名未按标准读音来译，但译文因历史原因流传已久，为人们所熟悉，故一般不重译，仍可继续使用。例如，美国的州名 Illinois 按标准读音应译为"伊利诺"，重音在词尾，s 不发音，却译为"伊利诺伊"。

3. 音译地名不宜过长，遵循简略原则，不明显的音不必机械地逐个译出，如 Brazil 译为"巴西"，Scotland 译为"苏格兰"。

4. 有些英语地名的后缀部分比较有规律，选用汉字时应尽量一致，如少数欧洲地名以 barrow、borough、burg 结尾的，现在一般都译为"堡"，但像 ford 这个词尾除了在 Oxford 中译为"津"以外，其他仍以译音为主，如 Hartford(哈特福德)。

第四，惯译法。惯译法多适用于以人名、宗教名、民族名命名的地名的翻译。例如：White Harbor 怀特港、Indiana(stale) 印第安纳（州）、John F.Kennedy Space Center 约翰·肯尼迪航天中心。

（二）我国地名的翻译

我国地名的翻译曾经很混乱。比如福州的鼓山，译法很多，有"Drum mountain""Mount Gu"等。后者曾流行，于是"于山"被译为"Mount Yu"，"乌山"则译为"Mount Wu"，这样一来就有人把武夷山的玉女峰（也叫三姐妹峰）译为"Mount Three Sisters"。但是在当代美国人的口语用法中，"mount"是有关性行为的猥亵之词，于是美国游客到了景点哑然失笑，竟如到了色情场所一般，这无疑严重地损害我国对外开放的形象。所以，我们确实需要一个标准来规范地名的翻译。

《20世纪中国学术大典》中规定：定冠词＋地名前两个音节的音译合成词＋表示性质的名词，用音译词的好处是容易识别。比如历史上被翻译为"the Yellow River"的"黄河"，现在可以译为"the Huanghe River"。以此类推，"长江"可以用"the Changjiang River""沙县"为"the Shaxian County"。如果江河湖海的名称不止两个音节，仍然只取前两个音节，比如"昆仑山"译为"the Kunlun mountain"。历史上的译名，我们有时可以用作同位语，在需要的时候，唤起人们对历史的回忆。比如翻译一篇关于长江的文献，在文章的开头，可以译为"The Changjiang River, or the long river"；与之类似，"珠江"译为"the Zhujiang River, or the pearl river"。另外，意译词有增加译趣的效果，可以适当使用，比如在一篇旅游文献中有"白马村"一词，可以这么说"the Baima Village, or the white Horse Village"，增加该旅游资料的吸引力。

翻译地名时要注意有些地名经过历史变迁后名与实并不同，比如现在的"石家庄"不是一个庄，"王府井"不是一口井，"小石桥"并不是桥，"小柳村"也不是村。根据《中国地名汉语拼音字母拼写规则》，同一个词的音节要连写，比如："东湖"应译成Donghu，而"福州""福建"应分别译成"Fuzhou""Fujian"，但在许多场所被误写成"Fu Zhou""Fu Jian"。"山西"与"陕西"的汉语拼音本相同，为示区别，前者用"Shanxi"，后者用"Shaanxi"。"西安"用"Xi'an"，不用"Xian"，因为外籍人士可能将之误读为"仙"音。同样，"长安"宜写为"Chang'an"。

第七章　言语交际所涉因素、语篇属性与翻译评估

第一节　概述

　　翻译，从过程看，就是译者对源语语篇所包含意义的发掘、所发挥功能的识别，然后，在综合考虑目的语语言文化环境等的基础上，译者要确定翻译目标、制定翻译策略和选择翻译方法，最后表现在语篇平面上有意识的系列选择的言语操纵；从结果看，就是以语篇属性或特征的形式反映此过程而呈现出来的具有自身特色的翻译文本。不难看出，这一定义是从对翻译过程与结果描写的角度提出的。现在我们着重考察这一定义里的后半句话，即翻译，从结果看，就是以语篇属性或特征的形式反映此前过程而呈现出来的具有自身特色的翻译文本。为了对语篇属性及其与翻译的关系有更清楚的认识，同时在方法论上表明：我们是在系统功能语言学所论述的形式、功能和情景互动的行为框架下开展对翻译现象的描写和译文质量的评估，对翻译的考察，自然要梳理出到底有哪些因素介入其中，而要研究介入翻译的因素，我们首先得考察翻译的上义词——言语交际的所涉因素。

第二节　言语交际所涉因素分析

　　人类使用语言进行交际这一言语行为，其间有多种因素介入其中。首先，是行为的主体，即交际中的发起方：作者（言者）。由于个体间在知识、经验、性格、语言能力等方面的差异，不同的主体在语言交际行为中，其言语表现是不一样的，反映在文字或话语上而因此呈现不同的言语特征：语无伦次，

还是出口成章；措辞规范、严谨，还是散漫、轻快；口气亲切、随和，抑或生硬、刺耳。正所谓文（言）如其人。从系统功能语言学"选择就是意义"的角度看，无疑，不同的言语特征实质上折射出作者（言者）对读者（听者）不同的态度：是平等待人而言辞随和，还是盛气凌人而言语生硬。不同的态度当然反映出作者（言者）的价值取向，相对于读者（听者）的社会地位和身份等。因而，从读者（听者）的角度，通过研究文字、话语的特征来认识话语主体的身份、地位、价值观，把握所读文字、所听话语的"言外之意"，从而在言语交往中拿出对策，对实现交际的顺畅运行无疑是极其重要的。

与主体相比，读者（听者）是构成言语交际中的另一方受体。可以说，不存在不针对一定交际对象的言语行为，即便是像"自言自语"和纯粹为自我欣赏而作的诗词，事实上也是针对反映在言说者心目中的"他人"的。当然了，有时交际对象是明晰的，如教室里的学子，教堂里的信徒，而另一些时候则是含混的，如自由集市的三教九流；有时受众是此时此地、面对面的，如口语交谈时的情形，而另一些时候是跨越时空的，如美国发往宇宙深处寻找天外文明的航天探测器携带的供外星人解读地球文明的符号；有时受体是单一、私下的，如夫妻夜话，写给挚友的书信，有时交际对象是多个人的、公开的，如总统竞选演讲等。显而易见，言语交际中，主体对受体范围的确定及其对读者（听者）的知识、经验、兴趣、语言能力等方面的估量，对于其如何进行语言编码的影响是巨大的。总的来说，如果主体认为他（她）与受体通过文字、话语所要进行交流的内容、话题方面的知识，对方与自己共享面大，那么，他（她）在语言编码时，往往就可以点到为止，因此其文字、话语对缺乏这方面知识的人来讲就会显得隐含、晦涩；反之，则明晰、具体。从受体的角度看，如果所阅读的并不是针对自己一类人的文字，那么或许因充满太多的生僻术语而不解其意，如读天书；反之，如果是谈论在他看来一个老调重弹的话题，又觉得"了无新意，废话连篇"。所以，从文章的作者或发话方来讲，确定交际对象，了解他们的知识、经验、阅读习惯，从而有针对性地进行编码：或白话连篇，或文质彬彬，或点到为止，或事无巨细，对于成功有效的交际，其重要性不言而喻。

写文章、做演说总是围绕某个话题，涉及一定的内容，无论是交流信息，还是诉诸情感，概莫能外，否则交际无从进行，无此必要，也因而不会发生。所以，语言交际中的另一要素是内容，即交际行为中的本体。不同的话题和内容自然对于交际主体的语言策略、话语规范产生重大的影响。在其他因素不变的情况下，为了保证交际的顺利进行并取得预期的效果，主体必须根据不同话题内容而采取不同的措辞，遵循不同的语言规范。谈论家庭琐事、发牢骚当然更多使用口语、方言，言辞简短，结构松散，而报告科学发现的学术论文，则自然书卷气息浓厚，使用术语，结构严密，否则会因违反社会话语规范而遭到读者的拒绝——论文不像论文而弃之一边，实现不了作者的交际意图。所以，为了有效交际，从主体的角度，无论是笔耕还是言说，其对语言形式的选择，不仅要因受体而异，同时也需依本体——内容而别。

言语规范当然也因所使用的语言而异，所以言语交际中又涉及另一因素，即交际的载体——所用语言。不言而喻，使用一种语言，自然要遵循该语言的特征和该语言社区的言语习惯。如使用汉语，一般多用短小精悍的流水句，而用英语则较多依赖有很多内嵌结构的复合句。因此这是在跨语言交际翻译中，译者必须予以高度重视的问题。否则，译语因不符合译入语规范而"翻译腔"十足，不堪卒读。如以下这个司空见惯的流水句群，将其翻译成英语时，就应转换成一个单一的复合句：

我曾多次见他画小鸡，毛茸茸，很可爱；也见过他画的鱼鹰，水是绿的，钻进水里的，很生动。

On several occasions I watched him paint fluffy little chicks and vivid cormorants with their heads in clear green water.

作者（言者）根据不同的对象和内容在语言文字上做出不同的选择而表现出的不同的文字、言语特征，当然是遵守一种语言社区语用规范的必然反映，但根本上还是为了实现言语者自身的交际目的，所以交际意图或目的是影响语言交际行为的一个不可忽视的因素。有时候，言者为了实现特定的交际目的而有意地打破言语规范——本该平铺直叙，却表述得迂回曲折；本可简明扼要，却写得晦涩、模棱两可——以传递包括语用学中的"语用含义"等在内的交际意图。

环境因素，如前章所述，在言语交际中的作用显而易见。从本节所讨论的语言交际所涉因素的视角,包括交际内容、对象、所用语言等在内的因素都可纳入本范畴,这里我们只对言语交际所发生的媒介这一环境因素做初步考察。众所周知,语言交际既可在一种媒介里进行,如依赖视角的文字媒介或仰仗听觉的语音媒介,也可在多种渠道里进行,即既借助视觉文字又依靠听觉语音展开,如带字幕的电影人物对白。由于受到交流媒介的限制,传递同样的内容,一般地讲,书面文字就要比口头话语在措辞上更为具体、明晰,因为在口语交际中,尤其在面对面情形下,说话人对意义的表述、强调等可以借助严格意义上讲并不属于语言范畴的诸如姿势、面部表情等手段来表达。这一反映在交际媒介上的环境差异,无论对于交际主体还是受体都具有重要的意义。就前者而言,他(她)必须根据所使用的媒介及其特征而相应地编码;对于后者来说,也同样须在把握不同言语、媒介特点的基础上来分析所看文章、所听话语的措辞与结构,由表及里,解构作者、言者的真正意图。

以上对言语交际中主体、受体、本体、意图、载体、环境等因素的考察与分析,归根结底,其落脚点无疑是为了保证交际的有效运行,因此,这又涉及另一个因素:交际效果。所谓交际效果,我们认为主要体现于主体的交际目的(意图)是否在受体那一端实现,以及多大程度上得以实现。如果作者(言者)通过对前述六种因素的分析后,所编制的语码(语篇、话语)被读者(听者)正确解构并做出主体希望的回应,那么主体的交际意图就实现了,交际效果越好,证明他对影响言语交际有效性的前六种因素的分析是正确的,据此制定的交际策略及反映这一策略的言语编码是成功的。反之,如果言者答非所问,误解了所读文章、所听话语的意思,那么交际效果就不好,反映出交际主体对前述几个因素中的某一个或几个分析判断是失败的,其言语编码是不成功的。

因此,人们使用语言进行交际这一行为过程受到主体、受体、本体、载体、环境、意图和效果七个因素的影响和制约。显而易见,这七个因素彼此之间是相互影响、互为制约的,起共同作用,影响言语交际的过程和结果。

事实上,上述交际所涉的七种因素是包含在言语交际行为框架里的形式、功能、情境三个系统中的。如言语交际所涉因素里的交际目的(意图),就基本上对应于言语交际行为框架里的功能,"语篇的功能可以看作对应于语篇制作者的意图"；言语交际因素里的载体既指行为框架层面上的语言，也与语域里的变项——语式重合；而本体，即交际（谈论）的内容，显然对应于语场；而主体与受体，即交际的参与者，自然属于语旨的范畴；交际所涉因素的后两项：环境和效果无疑和言语交际行为框架中的情境互为指代或包容。因此，言语交际所涉因素与言语行为框架系统，事实上是从不同的角度论述同一命题——语言的使用。

第三节 语篇属性

如前所述，言语交际是发、受双方间通过语言编码与解码完成的，但语码的编制与解构并不是在传统的形式主义语言学所关注的词和句子这样的语法单位上开展，而是在反映语言、功能、情境这样一个语言行为框架的言语交际单位——语篇层面上进行的。从发方来讲，通过对影响言语交际上述所涉因素的系统分析，有目的、有针对性地在语篇的层面上对所使用语言的资源进行操纵：借助于小句的及物性系统传递其所欲表达的概念意义，依靠小句的语气和情态系统表达对所讲内容的个人看法和对受众的态度，最后依赖体现于语篇功能的主位和衔接系统将反映前述概念意义和人际意义的各个小句、小句复合体等有机地串联、组织起来。从受方来说，通过对映入眼帘、传入耳膜的语篇文字、连串话语做自上而下、自下而上的分析而解构、领会其意义与功能。有鉴于此，既然语篇是言语交际的存在形式和载体，研究言语交际自然需要关注语篇的属性和特征。

交际总是有意图的。当我们在一定的情境下说和写，即制作语篇时，我们是有所图谋的（或赋予它功能的）：发布命令，提出请求，发出指示，表达感受等。表现在语篇属性上，就是意图性。显而易见，从功能与形式关系的角度，不同的交际意图必然要依赖于不同的语言形式来体现，反映在语篇的层面就要求有相应的语篇的纲要式结构。如寒暄（打招呼）、发公告、就职演说等一类言语行为，就各有其相应的语篇（话语）结构。另一方面，就语篇结构与意图之间的相关性而言，却因体裁的不同而有别：说明书、专利书、法律合同等，其语篇结构与意图之间较为直接、明晰；而诗歌类语篇，其结构与诗人所要表达的意图之间的关系却比较模糊。从言语交际过程看，语言的应用是交际双方通过语篇的编码和解码而实现，意图性是基于发方——作者（言者）一方反映语篇的一种属性。

与意图性相对立，可接受性则是围绕解码方关于语篇的另一种属性。言语交际中作者（言者）通过载体语篇所要表达的意图如果不能被受方解构和理解，那么其交际意图就无从实现。因此，要使得交际能顺利进行，编制的语篇必须能被受方解构。虽然这并不意味着受方一定要接受、相信语篇的内容，但它确实要求受方能够理解这些内容，识别编码者通过其语篇所要实现的交际意图。然而，鉴于理解的复杂性和制约语篇可接受性各种因素的作用，受方通过分析、解构而觉察到的语篇意图，与编码者实际要表达的意图有时并不一致。

语篇的第三种属性是信息性，即语篇承载的内容、信息、知识等。从受方的角度，如果语篇讲述的内容大都是他（她）所不知道的新内容，那么该语篇的信息性就高，他对该语篇的兴趣就大；反之，则信息性低，兴趣小。但另一方面，如果一语篇包含的新信息太多，超出了受方的解构能力范围，或者说他（她）要付出解构的努力太大，那么该语篇的可读性就低，这样读者、听者的兴趣就小；反之，如果信息性太少，虽然可读性高，但因不值一读而同样会令人乏味。因此，从信息性的角度，如何在语篇编码时使得新旧信息在比例上搭配得恰到好处，对于有效交际同样至关重要。

交际当然不是在真空里而是在一定的时空和社会环境里发生的，因此语篇编码必须考虑其所针对的对象和读者（听者）所在的语言、社会、文化情境，反映在语篇属性上就是情境性。从编码的角度看，构成语篇情境性核心内容的语用变项——语域及其构成语场、语旨和语式对于语篇编码关系甚大。实际上，语场是关于语篇的"主题"，语旨是关于言语交际中的受体及其主体与受体间的关系，而语式则是前述交际媒介。从前面关于这三方面内容的阐述不难看出其对语篇编码的巨大影响。从解码的视角，情境对于我们判定、识别语篇的功能十分重要。比如讲，Chinese Take away Food 这一单句语篇，除非我们知道它所发生的场景，否则我们就难以判定它到底是什么意思，起什么作用。如果它出现在报纸新闻正文上面，无疑它的作用是标题；反之，如果是印在一个门市部外墙上，则是中式快餐外卖窗口的标牌。

事实上，这种基于不同情境对语篇意义和功能的判断能力，源于我们对储存在大脑中已有的类似语篇的比较以及类似情境的经验。这种关于某一语篇与其他具有类似特征的语篇间的关系就是语篇的互文性。互文性为语言交际的成功运行既提供了方法保证，同时也规定了路径。比如，科技类语篇与文学语篇就具有相当不同的互文性，读者正是依据关于这两类语篇的互文性知识将它们识别开来，因为存储在他们脑海里关于这两类语篇的先前经验、知识等帮助他们注意到反映和区别这两类语篇的形式标志和特征。

语篇承载的信息内容并不是随意拼凑、堆集在一起的，相反，而是按照一定的逻辑顺序将语篇世界里的各种概念、事件、关系等有机地组合在一块的，从而使得整个语篇表现出连贯性，标示出语篇的信息构造及发展脉络。作为一种重要的语篇属性或标准，它是关于人们对世界的认识、判断、划分、经验。比如讲，I had a cup of coffee. I got up. I woke up. 由于违反人们关于"真实世界"的知识而缺乏连贯性。因为人们通常是先醒来，再起床，最后再喝咖啡的。

如果说连贯性是反映存在于语篇背后的意义结构的一种属性，那么在语言的层面，反映和体现这种意义结构的就是语篇的衔接性，它是通过语篇编码者对所用语言的词汇——语法资源的操作而实现的，因此属于语言层面的概念或范畴。

以上是我们对语篇七种基本属性的简略述介。必须强调指出的是，作为反映语篇的基本特征，或者说判定一段文字、一串话语是否符合语篇的标准，它们是互为联系的。在言语交际这一过程中，它们就像一个交际链的各个节点，既各司其职，又互为依靠、协调，一起合力于交际——这一语用目标的完成。

在品性上它们彼此间是互为关联的，都是涉及语篇这一事件如何与其他方面连在一起：通过语法与语篇的衔接性相接；通过概念与语篇世界的连贯性相通；通过语言交际参与者对待语篇的态度与语篇的意图性、可接受性相连；通过嵌入的新内容与语篇的信息性交接；通过情境与语篇的情境性互通；

以及通过离散语篇间的关联性和语篇的互文性连通。

第四节　交际因素与语篇属性

　　从言语交际过程角度，我们在本章第二节阐释了包括主体、受体、本体、载体、环境、意图和效果在内的七个要素；从言语交际的载体——语篇的层面，前面介绍了它的七种基本属性：意图性、可接受性、信息性、情境性、互文性、连贯性和衔接性。如前所述，无论是交际过程所涉的七个要素，还是语篇的七种属性，每一系统里的各个要素、属性之间都是相互联系的。不仅如此，这两个系统之间也同样互为联系。

　　在言语交际中，第一个涉及的因素是言语行为的主体——作者（言者），其作用在言语交际过程中的重要性不言而喻：首先是这一因素的介入才导致交际的发生，因为它是言语行为的发起者，不过深入一点看，确切地说主体背后的交际动机或意图才是他（她）发起交际的根本原因。主体的交际意图反映在语篇——言语交际的存在形式，就是意图性，所以主体和意图性之间可以说相互包含，互为体现。交际过程中与主体相对的因素是受体，只有主体与受体之间互为关照与配合，交际才可望顺利进行，也就是讲，当主体为实现其交际意图进行语篇编码时必须要考虑到受体的知识、经验、习惯、期待等，即编制的语篇能否被受体所接受。

　　所以，从交际过程的角度看所要考虑的受体因素，反映在语篇上即是编码时所要思考的可接受性。另一方面，可接受性还与交际过程所涉因素前述列项中的效果相连，因为最终衡量交际成效如何，必然要落脚到主体编织进语篇里的交际意图是否被受体领会。

　　至于交际的本体，即内容，它与语篇属性中的信息性和连贯性密切相关。如果主体通过语篇谈论的话题、内容相对于受体已有知识来说是新信息，那么该语篇的信息性就高；反之，则低。另一方面，内容在语篇里是要按照一定的逻辑顺序排列的，如果实际情况是这样的，则语篇就具有连贯性；反之，若违反，就没有。至于交际环境，无论是交际媒介，还是语域，在语篇的层面上是通过情境性体现的。而交际目的或意图不仅与语篇属性中的意图性相对应，同时还与互文性相交，因为不同的交际目的，如叙述、说明、辩论，必然要体现于相应的社会约定的语篇类型，而互文性，正如前面已指出的，就是关于某一语篇与其他业已存在的同类或类似的语篇关系的一种属性。交际中的最后一个因素是所用的语言，即载体，不同的语言自然具有不同的词汇、语法资源，表现在语篇表层层面上，就自然具有不同的实现语篇衔接的机制和特征。因而，语言交际因素与语篇属性之间确实是你中有我，我中有你，互为包含，相互指代。

第五节　对翻译与翻译评估的影响

维尔斯说："言语交际总是以语篇的形式出现。"自然地，要研究言语交际，研究言语交际过程中有哪些因素介入其中，有何特征，一般只能从负载和记录言语交际过程和结果的语篇入手，只能从反映言语交际介入因素和运行特征的语篇属性入手。翻译，作为言语交际的一种形式，也自然在语篇的层面上展开。因此，对言语交际所涉因素及其反映这些因素的语篇属性和特征的探索和认识，自然对于翻译与翻译评估具有启发和借鉴意义。

一、意图性与翻译

如前所述，交际者在一定时空（情境）下运用语篇这一载体进行交际总是有意图的，反映在语篇属性上就是其意图性。为实现特定的交际意图，交际主体必然要对所使用的语言资源进行操纵，从而在语篇编码时，在词汇—语法层面留下烙印或痕迹。从翻译的角度看，翻译的过程就是交际主体——译者通过对反映原文语篇交际意图的言语特征予以分析进而解构出作者的意图，在此基础上，针对新的语言和读者对象等交际环境，对其所解构的原作进行目的语篇重构，而翻译语篇就是对这一过程和结果的体现。问题是，译者与原作者的交际意图并不总是一致的，译作读者与原作读者的阅读目的也并非总是相同的。因此，当译作与原作的交际意图不一致时，那么，自然地，译者就难以译出原作的交际意图，这样译文读者所看到的译文并不是原作的真面目，这样翻译描写中的"不忠""背叛""欺骗"就因而发生。从功能与形式关系的角度就必然导致译文不同于原文的言语特征。

例如，西方的意识流小说开山之作《尤利西斯》，作者乔伊斯（James Joyce）的创作意图是"我在这本《尤利西斯》里设置了那么多迷津，它将迫使几个世纪的教授学者们来争论我的原意……这就是确保不朽的唯一途径"。为实现这一意图，在写作策略上，他采用了包括句与句之间不加标点，词与词之间不空格等"出位"的手法。但是，当萧乾、文洁若夫妇将其翻译成汉语时，由于翻译与创作时迥然不同的环境——英语和汉语言在音、形、义等方面的巨大差异，以及译作读者对象是"以汉语为母语的一般读书界和研究者"，因此，译作的意图是"化开 Joyce 的迷津"，解开"天书之谜"。这样原作与译作在语篇建构时发生了意图冲突，表现在语言形式上，原作与译作因此呈现出不同的面貌和特征。如：

Davy Byren smiledyawnednodded allin one

-I iiiii chaaaaaaach！

戴维·伯思边微笑边打哈欠边点头。

"啊——咪！"

原文的长词是 smiled，yawned 和 nodded 三个词的连写。乔伊斯这样做，考虑到他的创作意图，我们认为他这样别出心裁，就是为了增加阅读难度，表现"出位"。而译文语篇为"化解迷津"，将它按常规分开译写了。但不可否认的是，原文的意图及言语特色在译文里也因而丧失了。

二、可接受性与翻译

交际总是针对一定的对象，即读者或听众，而在翻译中，由于交际对象的不同和译文读者不同于原文读者的认知背景等，就必须在重构翻译文本时在翻译策略上予以周旋。如我国著名文学大师、翻译家林语堂在翻译《论语》时，为实现让一般的西方读者较全面地了解孔子的哲学思想，他采取了归化的翻译策略，对此书按西方读者的阅读习惯进行了重组改写处理：抛开原文语录形式的篇章结构，将其分门别类，使之成为一本逻辑周密、有头有尾、可读性强的书,从而在西方读者中产生广泛的影响,促进了中西方文化交流。正是基于这一原因,鲁迅早在20世纪30年代就指出:"我们的译书……首先要决定译给大众中的怎样的读者。将这些大众粗粗的分起来:甲,有受了教育的;乙,有略能识字的;丙,有识字无几的。"

不过,另一方面,译文读者的认知状态、接受环境是随时代的更替而改变的,所以,一种在彼时适宜的翻译操作到此时就不一定合适了。如清朝末期,尽管西方列强凭借船坚炮利用武力打开了中国大门,当时的封建士大夫也承认我们"技"不如人,但却以为中国文化是强势文化,自称中国,把四周的民族都称作夷狄。鉴于这种文化环境,严复在把《天演论》译成中文时,只好在其外面裹上一层"糖衣":采取归化的方法,如将原文的第一人称改为第三人称口吻,使这本书读起来很像中国古代的语史书,方便读者接受这部作品。这一翻译策略的选择无疑是与当时社会的审美规范或者说翻译诗学一致的,为的是适合译入语读者的审美期待。但显而易见,在东西贯通的全球化的今天,现在再那样译就不合适了。因此,翻译也同样须"与时俱进"。这也就不难解释如今一些作品的"重译"现象。同时对于翻译评估与批评的启示在于:在评判某个译者在某部译作的翻译操作和采纳的策略时不能以今度古,而要考虑其所在时代、所处环境的读者的认知特征、审美习惯等意识形态因素,这样才能做出较为公允的评价。

三、信息性与翻译

语篇的信息性对于翻译的启示在于翻译文本、内容的取舍和翻译策略的选择两个方面。就前者而言,由于原文读者与译文读者具有不同的知识结构、社会及文化经验等,原文语篇讨论的内容,如英国的板球运动,对原文读者可能耳熟能详,因此围绕这一话题,如板球比赛的各相关概念、步骤的描述在他们眼中也显得井然有序,连贯自然,但在异域文化的读者那里,却显得十分陌生,杂乱无章。鉴于此种情形,译者如果有权选择翻译文本、内容的话,就应剔除掉那些只限于异域某一很小范围内的人物、事件语篇,如关于英国某一小镇的一件桃色新闻、特有仪式程序等。就后者来讲,虽然更多的情形是对于译还是不译什么,译者自己无权做出决定,但鉴于内容对于译文语篇连贯性、可接受性的密切关系，译者至少在翻译策略上可以进行周旋，比如采纳诸如加注、前景化等手段来提高译文语篇的可读性、连贯性等。如：《呼啸山庄》中的希思克利夫无法从对死去的凯瑟琳的恋情中解脱出来，便通过绝食来作践自己以求早日死去，好与死去的凯瑟琳同葬一穴，终日相伴。针对希思克利夫的心理状态，小说中的"我"便劝道：

"And supposing you persevered in your obstinate fast, and died by that means, and they refused to bury you in the precincts of the kirk？" I said, shocked at his godless' indifference.

"如果你要任性地绝食下去，并且因此死去，人家又拒绝把你埋在教堂的墓地里？"我说道，对他这样漠视神明，感到大为震惊。

有些人看过译文不免困惑：为什么"我"会用人家拒绝希思克利夫埋在教堂的墓地，从而无法与他相恋的已死去的凯瑟琳同居一穴这样的方式来劝他放弃自杀的念头呢？人家为什么会拒绝希思克利夫葬在教堂的墓地里呢？这里的症结就在于译文读者不享有与源语读者介入语篇解码的"前理解"。这种"前理解"就是，根据基督教的观点，自杀是违反上帝意志的，因此，在旧时的英国，自杀者不配葬在教堂的墓地，而只能埋在十字路口。鉴于译文读者的这一认知状态，我们认为就有必要在翻译时借助于加注的方法，从而帮助译文读者建立起对绝食与教堂墓地之间的因果关系。

四、情境性与翻译

语篇的情境性对翻译的启示在于，虽然不乏在跨语言文化交际情境中相同或类似的语篇，如关于自行车装配的说明书，无论是对于美国的装配工，还是中国的工人，其关于自行车各构件、装配程序的介绍与说明都是相同的，因此翻译这类语篇一般只要译出各个句子的命题意义即可。但是，对于文学、社科等一类语篇的翻译，由于存在诸如意识形态、价值观念、社会阶层和性别观念等方面的差异，源语情境与译入语情境常常不相侔，在这种情形下，译者就要对译入语篇不同于原文的情境而在翻译操作时对原作进行"改写"。据孙致礼的介绍，《安妮日记》是二战期间一个犹太小女孩在躲避纳粹追杀期间写的一本日记，但当该书译成德文时，却对原文一些地方做了有悖原文的变通和更改。如将原书中"世界上没有比德国人和犹太人之间更深刻的仇恨了"译为"世界上没有比这些德国人和犹太人之间更深刻的仇恨了",之所以加上原文所没有的"这些"这一限定词,就是把斥责限定在纳粹党身上,而不是全体德国人。这正如译者自己所说的,"这本书要在德国有销路,就不该包含任何针对德国人的侮辱字眼"。

所以,翻译从来就不是"纯洁的"。从翻译研究的角度,理论家的一大任务就是要像斯瑰特(Seguinot)那样,继续对翻译所涉及的同类语篇的源语与译入语使用情境进行比较,并据此阐述译者在多大范围内可以对原作语篇进行"改写"。

五、互文性与翻译

无论是言者还是作者,要实现既定的交际目的,都必须按照某一语篇类别或体裁,遵循一定的社会约定的语篇构造规范,这样所编码出的语篇也因而表现出相应的形式特征,这就是语篇的互文性。那么关于语篇互文性的阐述对于翻译又有什么启示呢?我们知道,与看本国语言的作品相比,读者在读翻译作品时的一种常有的感受就是它是"异样的",即"翻译的"。这种现象的根源,恐怕在于译者没有把握好所译语篇在译入语里的相应互文性标准。如果译者要使译作在读者眼中看不出翻译的痕迹,做到如傅雷所描述的,"源语作者用译作语言的再创作",那么译者就必须下大功夫熟谙译入语篇的互文性标准,并据此有意识地贯穿于翻译策略的制定和翻译时的语言操纵上,从而使译入语语篇呈现出与用译入语创作的同类语篇几乎完全相同的特征和丰采,达到或接近钱钟书所描述的"脱胎换骨"和"化境"。

如下面的一篇英语体育新闻语篇及其两种汉语译文:

After three championships with the Chicago Bulls, a second gold medal with the U. S. team at the 1992 Olympics, and all the accolades the game can bestow, Jordan felt his motivation slipping away "I'm at the pinnacle, " he told a thronged press conference. "I just feel I don't have anything else to prove."

译文一

在芝加哥公牛队打球连得三次冠军,在美国队打球于1992年奥林匹克运动会上获第二枚金牌,并获得篮球所能给予的一切荣誉之后,乔丹说他打球的动力在消退。"我已经到了顶点,"他在一次熙熙攘攘的记者招待会上说,"我觉得我再没有什么东西要去证明了。"

译文二

在效力芝加哥公牛队连获三冠,加盟美国队于1992年再获奥运金牌,并囊括篮球运动各项殊荣之后,乔丹觉得自己打球的动力日渐消退。

很明显,译文二由于运用汉语体育新闻报道类语篇的常用词语,而好像是源语作者用译作语言的再创作。

六、连贯性与翻译

由于中西方在思维方式等方面的差别,一段在原文里顺畅、连贯的话,如果机械地翻译成目的语,译文往往显得不自然。如:

八月一日第 AG-3 号合同项下的 10 万吨小麦,原定于十月底以前交货。你方在合同中保证提前交货,并且以此作为签订合同的条件。但是,这批小麦迄今尚未装运。对此,我们深表遗憾。

如果直接翻译成英语,则译文语篇可能是这样:

The 100000 tons of wheat under Contract No. AG-3 of August l is scheduled to be delivered by the end of October. You have guaranteed an early delivery in the Contract and it is on this understanding that we signed the Contract. Up to now, however, the shipment has not yet been made. We very much regret for that.

但这样的英文,正如王玉章所指出的,从英语的角度看结构松散,逻辑性不强,语义不突出,让人觉得东一榔头西一棒槌,不得要领。反之,若照英文语篇的组织方式和连贯特征,译文则重点突出,结构严谨,通顺流畅,形异神似。

We very much regret that the 100000 tons of wheat under Contract No. AG -3 of August l, scheduled to be delivered by the end of October, is up to this moment not dispatched, in spite of fact that you have guaranteed an early delivery in the Contract, which was actually signed on this understanding.

七、衔接性与翻译

翻译，虽然绝不仅仅是语言间的转换，但毕竟牵涉两种语言间的操作，因此，传统翻译研究对于源语和译语方面的差异及其翻译时如何在语言的层面上施以"技巧"应对，可谓论述甚多，这里不再赘述。就交际之载体——语篇的衔接性特征对于翻译的借鉴意义，这里只谈一点，即由于语言系统间的差异，一个在源语环境里具有衔接性的语篇，如果逐句转换为目的语，那么情形往往是原作语篇的衔接性在译入语语篇里无法达到保存和体现。故而，译者必须根据目的语语言文字的语法、词汇资源和语篇的衔接性机制进行编码，构筑目的语语篇句与句、段与段之间的衔接性。如，下面这个汉语语篇十分自然，衔接连贯，但是将其译成英语时，如果省略了括号里的内容则缺乏衔接性，所以在译文里必须补上。即：

东边闪电出日头，西边闪电必有雨，南边闪电天气热，北边闪电有雷雨。（如果东边闪电则出日头，如果西边闪电则必有雨，如果南边闪电则天气热，如果北边闪电则有雷雨。）

If it lightens in the east, it will be sunny; if it lightens in the west, it will be rainy; if it lightens in the south, it will be sultry; if it lightens in the north, it will be stormy.

所以，对语篇属性的探索就是对它所折射出的言语交际所涉因素和运行特征的探索。翻译，作为言语交际的一种特殊形式，同样受到言语交际以上所述的七个要素的影响，从而以语篇属性或特征的形式反映此过程而呈现出来的具有自身特色的翻译文本。另一方面，翻译，这一特殊形式的交际活动，虽然较一般言语交际——单语交际情形远为复杂，但将其置于"言语交际"框架之下，从反映包括翻译等形式在内的言语交际特征的语篇属性角度，就能较易对庞杂的各种翻译现象进行梳理、描写和阐释。

人类用语言进行交际这一言语行为，从过程的角度主要涉及七种因素，即主体：作者（言者）；受体：读者（听者）；本体：交际的内容；载体：所用语言；目的；环境；效果。这些因素既包含在言语行为框架里——都是在论述同一命题，又反映在记录言语交际的载体——语篇里，具体地说，在语篇之所以为语篇的七种属性上：意图性、可接受性、互文性、信息性、情境性、连贯性和衔接性。换言之，彼此是基于过程和产品（语篇）的不同视角，描写和阐释言语交际这一共同命题，因此是殊途同归。既然如此，两个系统之间互为联系：你中有我，我中有你，互为包含，相互指代就不足为奇了。翻译，作为言语交际的一种特殊形式，与一般言语交际——单语交际情形相比，既具有共性的一面：一样在言语行为框架下运行，同样涉及了七种主要因素；另一方面，因为横跨两个语言及文化系统，而两个系统无论从言语行为框架看所包含的形式、功能、情境，还是从交际过程切入所分析的交际因素方面，都常常并不相侔，因此，从言语交际所涉因素及其反映这些因素的语篇属性和特征的视角研究翻译和翻译评估问题，自然具有方法论层面的重要意义。

第八章 跨文化交际能力的培养与英语思维构建

第一节 跨文化交际与思维构建

一、跨文化交际中的认同

(一)文化认同

文化认同主要指个人对于一个特殊文化或者族群所具有的归属感。文化认同包括对本族文化与异质文化的认同。对文化本体的认同,对家庭、家族等血缘关系的认同等都属于对本族文化的认同。这类认同主要经由社会化过程而自然形成。一经社会化,我们也就与自己的文化群体相融合,建立了对本族文化根深蒂固的归属感。

(二)社会认同

社会认同是个人在一定文化范围内,因为隶属于某个团体而形成的。只要个体能够接受团体成员共同认同的看法与关心的事,对该团体的归属感就产生了。

社会认同是自我概念的一部分,起源于一个或者多个社会团体的成员身份以及对该团体的相关评价。也就是说,自我概念的形成一则来源于对个人的认同,另一则来源于对自己社会身份的认同以及他人对自己社会身份的认同。下面,我们将介绍与社会认同相关的两个核心概念以及社会认同理论,它们对于跨文化交际研究有着显著影响。

二、跨文化交际中的文化迁移

文化迁移是跨文化交际中一个十分重要的问题，它不仅会直接影响交际的效果，甚至还会引起交际障碍和冲突，是交际过程中不容忽视的因素。不同的民族有不同的文化，不同的文化之间既有联系又有区别，既有各自的个性又有普遍的共性。共性为跨文化交际提供了依据和保障，进而引起文化的正迁移或零迁移；个性却构成跨文化交际的障碍，进而引起文化的负迁移。

（一）导致文化迁移现象的因素

文化背景、思维方式、地理环境、宗教信仰的不同会导致文化迁移现象。例如，汉语中的"三个臭皮匠，胜过诸葛亮"就是历史的因素带给语言文化的内容。对中国读者而言，他们都知道诸葛亮是中国历史上的著名人物，是智慧的象征。而对外国读者来说，他们就很少知道了。同样，英语中的成语 meet one's Waterloo（败走麦城）也是源于历史事件的成语。古代中国是一个内陆的农业国家，土地至关重要，因此汉语中有许多与土地有关的词语，而英国是个四面环海的岛国，因此英语中与海有关的词语俯拾即是，例如：

In a calm sea, every man is a pilot. 海面平静处，人人是舵手。

His mood underwent a considerable sea change. 他的情绪发生了巨变。

a sea of debt 大量的债务

be at sea 不知所措

美国人喜欢谈论棒球、足球和篮球，在他们的日常用语中的许多比喻都与球类运动有关，例如：

You have to keep your eye on the ball if you want to stay in the game. 想要打好比赛，眼睛就要盯着球。

Dropped the ball. 要做的事情没有做好。

Drop bade and punt. 放弃目前策略做点别的事情。

To score points. 对某人有好的印象。

To throw a curve. 做出人意料之事。

To cover the bases. 考虑全盘。

Can't get to first base.　迈向目标的第一步未能完成。

To hold the line.　坚定，不妥协。

To strike out.　失败。

在实践中准确理解和运用这些具有文化特色的表达法可以增进彼此的感情，避免两种语言文化中由于地理环境差异而造成的负面迁移。又比如，devil 指的是邪恶的神、魔鬼，这与中国神话中的阎王相距甚远，阎王作为阴间之神，不仅掌握着世间百姓的生死，还给鬼魂生前的行为做出判决，是一个奖罚分明的神话人物。

（二）文化迁移模式

1. 文化负迁移

文化负迁移按其文化意值可分为以下 3 种，即文化信息的增值、文化信息的减损以及文化信息的误解。文化信息的增值是指交际的一方或双方获得的文化信息量超出了说话者所赋予的文化意值，即受话者除了赋予说话人所要传达的意值以外，还附加了说话者并未传达的意义或受话者把说话者所要传达的某项较弱的意义人为地强化了。比如："吃了吗？"在汉语文化中是一种寒暄语，类似于英语的"How are you doing？"但对不了解汉语文化的英美国家的人来说，"吃了吗？"（Have you had your lunch？）并非是寒暄语，而会理解成对方想邀请自己吃饭，其文化的意值就增加了。文化信息的减损是指交际的一方或双方获得的文化信息量少于说话者所赋予的文化意值，即不是全部信息的意值。文化信息的误解指交际的一方对说话者所赋予的文化意值产生了文化信息误解。比如，对英美国家的人的称赞语，缺乏跨文化交际知识的中国人往往要自谦一番，这是英美国家的人始料不及的并经常使他们陷于十分尴尬的境地。对英美国家的人来说，中国式的谦虚行不通，因为他们夸你好，你说不行，他们会以为你不信任他们。

可能产生文化负迁移的例子：

dog-eat-dog　你死我活的（并非"狗咬狗"而是"同类相残"）

a lucky dog　幸运儿（不可译成"幸运狗"）

a gay dog　快乐的人（不可译成"一只快乐狗"）

as blind as a bat　有眼无珠（不可译成"像蝙蝠一样盲目"）

have bats in the belfry　异想天开（不可译成"钟塔里有蝙蝠"）
as merry as a cricket　像蟋蟀一样快乐（中文里用喜鹊 magpie 表示快乐）
black sheep of the duck　害群之马（不可译成"鸭群里的黑绵羊"）
to eat one's own words　收回自己说的话（不可译成"自食其言"）
to get a kick out of something　欣赏……/ 从……中得到极大愉快（不可译成"被踢出去"）
to blow one's own horn/trumpet 炫耀自己（不可译成"各吹各的号"）

套用母语模式进行跨文化语言交际造成文化负迁移：
Good morning, teacher Smith.　（应该是 Mr.Smith）
Are you cold？　（应该是 Are you OK/all right？）
Where do you live？　（这是隐私问题）
I have a question, teacher.　（应为 Could I ask a question, Professor Smith？）
Is it a good film?
Of course.　（应为 Yes, indeed.）

英汉商贸翻译可能出现的文化负迁移：

　　同一商标在不同文化语境里的含义会有不同。译者要选取符合译语文化的译文，避免不符合译语文化的译文，否则就会造成文化负迁移。上海太平织造厂造的"船"牌床单，色好质优，在中国周边国家销售行情也一致很好，但如果它的商标被译成"JUNK"，该产品在西方国家便打不开销路，因为 Junk 虽有"船"之意，但也有"废品"之意。中国许多产品喜欢以动物名作为商标，如龙牌酱油、金鸡电池、鹅牌羽绒服、熊猫电器等。动物在中西方文化中有相同的含义，但更多的动物在中西方文化中含义差别很大。

　　如果要把以动物命名的商标翻译成英文，译者应考虑文化因素并根据动物的文化含义的不同做些改变。商贸宣传文本的作用就是传播信息、促进交流。但是由于不同的文化规范，同一信息在甲文化里是积极的含义，而在乙文化里却是消极的意义。译者如果不了解这些不同的文化特点就率尔操觚的话，一定有违原文的初衷。纽马克认为，如果"信息类文本"中出现容易激怒或误导读者的内容，译者最好加以"纠正"。

2. 文化正迁移

文化正迁移是指通过翻译的作用，源语文化中的信息和内容很自然地被目的语文化所吸收和融合。目的语文化因而有了新的内容，变得更加丰富。源语文化中的信息也通过翻译的桥梁作用实现了在目的语文化中的增值和传播。例如：

make a pig of oneself　狼吞虎咽

Pigs might fly.（or：Can pigs fly？）　不可能的事。

a lion in the way　拦路虎

beard the lion　虎口拔牙

as majestic as a lion　龙虎生威

a lioness at home　母老虎

cat and dog life　鸡犬不宁

drinking like a fish　牛饮

to cast pearls before swine　对牛弹琴或一朵鲜花插在牛粪上

cast sheep's eyes at 送秋波

正迁移在英汉两种文化翻译中的例子很多。较为著名的例子是美国的Coca-Cola，汉语译名为"可口可乐"，它既保持了原词的音韵和响亮，又使汉语消费者一听便知是可口的饮料，广告的效力清晰可见。举世闻名的男装商标Goldlion，其中文译名并非英语的对等直译"金狮"，而是将gold保留原义，而lion一词则采取音译，两种译法结合译成"金利来"。它不但气派恢宏，而且含义大吉大利，符合汉语的文化习惯。

3. 文化零迁移

文化零迁移是指不同的语言文化之间虽然存在差异，但仍有许多共同的因素与成分。原作中的部分信息通过翻译进入目的语的过程仅仅是一个语言符号的转换过程，或者说是在两种语言文化之间寻找对应内容的过程。此时，翻译不会引起信息的增值或新信息的出现，也不会造成信息的减损、歪曲与变异。例如：

burn one's boats　破釜沉舟

The wall have ears.　隔墙有耳。

pour cold water over 给……泼冷水

a stone hits two birds 一石二鸟

as cunning as fox. 像狐狸一样狡猾。

He was a sly old fox. 他是只老狐狸。

as gentle as lamb. 温顺如羔羊。

as busy as bee 忙碌如蜜蜂

as greedy as a pig 贪婪如猪

as fast as a hare 敏捷如兔

make a monkey out of somebody 拿某人当猴耍

A rat crossing the street is chased by all. 老鼠过街,人人喊打。

a wolf in a sheep's clothing 穿羊皮的狼

在跨文化交际中,交际者应该努力促进文化正迁移或文化零迁移,克服文化负迁移。

第二节 跨文化交际能力的培养途径

一、交际能力与跨文化交际能力

交际能力是人类与他者交流和沟通的基本能力,也是跨文化交际能力的基础和前提,而跨文化交际能力则要求交际者除了具备人类基本的交际能力外,还应该具有外语能力和跨文化敏觉力等。

(一)交际能力

"交际能力"这一概念最初来源于社会学,后来延伸到语言学。美国学者海姆斯在《论交际能力》中第一次提出"交际能力"。海姆斯在提出这一概念时侧重语言的得体性,也就是在使用语言的时候应该更注意符合具体社会环境的要求,即时间地点、交际对象、内容、以及谈话方式等。海姆斯认为,交际能力应包含四个方面的内容:①语法的正确性,即语言形式要正确。②语言的可行性,即交际对象在心理上的接受度。③语言的得体性,即交谈时要根据具体环境和对象选择得体的语言。④语言的现实性，指语言实现其交际功能并产生相应的影响。随着"交际能力"概念的提出，语言学家对交际能力发表了各自不同的看法。其中，最具影响力和代表性的是美国的卡纳尔、斯温和欧洲的范艾克。在卡纳尔和斯温的研究里，他们认为，交际能力包括语言能力、社会语言能力、篇章能力和交际策略四个方面。这个观点已经被语言学界的大多数人所认可。范艾克认为，交际能力所涵盖的范围应该更大、更全面。他认为，外语交际能力应该包括：①语言能力；②社会语言能力；③篇章能力；④交际策略；⑤社会文化能力；⑥社会能力。范艾克与卡纳尔和斯温的不同之处在于增加了社会能力和文化能力。这两项能力正是范艾克交际能力研究的精彩之处，精彩在于它道出了交际能力的本质。随着心理学的发展，十年后，巴克曼和帕尔默将交际能力重新划分为语言能力、策略能力和生理心理机制等三个部分。语言能力包括组织能力和语用能力两部分。策略能力是运用语言知识的心理能力，是语言能力与现实世界相沟通的桥梁。生理心理机制是语言交际能力的生理心理基础，是语言交际能力赖以存在和发展的前提。我们要培养学生的交际能力必须考虑学生的生理和心理机制特点。显然，巴克曼和帕尔默的理论把前辈们关于交际能力的理论往前推进了一步。在陈国明的研究中，"交际能力"被称为沟通能力或胜任度，而"有效性"与"适当性"则构成了交际能力的主要内涵。有效性意指个人在互动过程中用以产生某种意欲结果的能力；适当性则泛指互动者达到沟通情境的脉络需求的能力。

（二）跨文化交际能力

跨文化交际是指具有不同文化背景的人从事交际活动的过程。至于交际的效能如何，主要取决于交际双方的跨文化敏感度、沟通技巧和交际行为的灵活性等，即取决于交际者的跨文化交际能力。金曾经对跨文化交际能力做过比较具体的界定：跨文化交际能力是个体所具有的内在能力，能够处理跨文化交际中的关键性问题，如文化差异、文化陌生感、本文化群体内部的态度以及随之而来的心理压力等。这种能力并非与生俱来或一蹴而就，必须经由一段教育与学习的过程才能慢慢习得。正如一些学者指出的，在全球化到来的今天，当我们面对日益增长的文化多元互动时，探讨跨文化交际能力的意义与内涵，便日趋重要。唯有经由跨文化交际能力，我们才能在全球化社会里与来自不同文化背景的人们进行有效与适当的沟通。由此可见，跨文化交际能力培养的基本因素和途径是跨文化交际学者和第二语言教师应该关注的重点。根据陈国明的论述："跨文化沟通能力是沟通能力的延伸。两者的定义大同小异，唯一的区别在于，跨文化沟通能力特别强调情境脉络的重要性。这种对情境脉络的强调，除了重视人与人之间互动的有效性与适当性外，也很注意人与沟通环境之间的互动与双方的文化认同。因此，跨文化沟通能力可以定义为'互动者谈判文化意义（cultural meanings）与适当地在一个特殊环境下使用有效的沟通行为，以便确认双方多重认同（multiple identities）的能力'。"

二、跨文化交际能力的基本要素

跨文化交际是一个多学科交叉、跨越性很强的新兴学科，这种跨越性决定了跨文化交际能力的立体性。跨文化交际能力是20世纪90年代针对跨文化交际人才培养提出的一种能力范式，它强调交际者跨文化敏觉力、跨文化意识和处理文化差异的技巧和灵活性。这三个部分不是孤立存在的，它们之间有着紧密的联系和层级关系，即跨文化敏感性处于最底层，处理文化差异灵活性处于最高层，跨文化意识则处于两者之间。换句话说，只有当交际者对各类文化差异萌生了敏锐的意识，才可能产生宽容的文化态度和交际的兴趣，面对不同的跨文化情景进行积极的自我调适，跨文化意识也渐次增强，进而采取灵活自如的处理方式，由此达到很高的跨文化交际效能，据此我们可以看出跨文化能力的培养是由低到高、循序渐进的过程。

（一）跨文化敏觉力

跨文化敏觉力是跨文化交际能力基本要素的第一个要素。有学者指出，跨文化敏觉力代表跨文化沟通能力的情感面向，它代表一个人在某种特殊的情境或与不同文化的人们互动时情绪或情感的变化。跨文化沟通的情感面向特别指出，具有跨文化沟通能力的人，能够在互动之前、之中和之后，投射与接收正面的情感反应。这种正面的情感反应最终会把当事人带到认可与接受文化差异的境界。这个过程正是发展跨文化敏觉力的过程。贝内特认为，跨文化敏觉力是个发展的过程。一个人能够在认知、情感以及行为层次把自己从我族中心的阶段转化到我族相对的阶段。这个转化的过程包括六个阶段：（1）否认文化差异的存在。（2）对抗认知到的威胁以试着保护自己世界观的核心。（3）试图把差异藏匿在文化相似性的伞下，以保护自己的世界观。（4）开始接受文化与行为上的差异。（5）开始发展对文化差异的移情能力并成为双重或多重文化人。（6）能够把我族相对主义用到自己认同之上，而且体验到差异，其实是人生很重要、值得愉悦的一部分。

文化差异的敏感性，不仅是对文化表层，更是强调对文化深层差异的识别能力。文化表层的差异显而易见，不需要特别的训练就可以识别，而文化深层的差异通常隐含在人们的行为和思想中，不易直接观察到。例如，西方人习惯的低情境交际和东方人采用的高情境交际是不易被直观看到的，因此有意识地培养对文化深层差异的敏感性就显得尤为重要，这必须依赖于对不同文化的比较及对文化差异相关知识和经验的积累。

跨文化敏觉力是一个内涵丰富的能力概念，它包含了交际者的自信心、自适力、开明度、中立的态度，以及社交的从容等相互联系的几个层面。

作为一个面对全新异文化的交际者，首先对自己的文化和自身素养要有很强的自信心，这种自信心使交际者在面临各种交际情境时采取乐观积极的态度，从而更易于接受他人和他文化，也较易于被对方交际者理解和接受。同时，自信心让交际者在跨文化交际中遇到挫折、误解或疏离时，能够相对自如地应对这些交际逆境，更快走出交际困境。

跨文化交际的开明度意味着交际者要有多元文化心态，对异质文化应采取宽容理解并尽量去接纳的态度，而不是以自我文化为中心，以自己的文化价值观去衡量评价对方交际者的言行。同时，开明度还包含交际者愿意适当解释对方不易理解和接受的自己的语言和行为，也乐于倾听对方在交际过程中的解释。其实，跨文化交际的开明度即是阿德勒在1977年提出的"多重文化人"。多重文化人能够接受不同于他们自己的生活形态，更能在心理和社交方面掌握住实体的多重性。换言之，跨文化敏觉力强的人，不仅能够了解一种观念，可以用多种不同的形式来加以表达，并且对世界具有一个内化与广阔的概念。这些都是开放心灵的表征，促使一个人愿意认可、感激，甚至接受不同的观点。这种处处为他人设想与承受别人需求的特性，在跨文化交流中，就是相互确认与认可彼此文化认同的发挥。

自适力是指在跨文化交际中，交际者根据交际情境和交际时间不断地进行自我调节适应并进行有效的交际的能力。有研究表明，自适力强的交际者对周遭的环境和对方交际者的行动更敏感，能够迅速捕捉到交际中的可用信息以及交际中适时的变化并调整自己的言行，以尽可能地完成交际任务，达到交际目标。

中立的态度主要指交际者在真诚倾听对方交际者的言语时，能够主动摆脱自己文化带来的思维模式的定式，积极倾听对方的语言和意识，理解对方语言中的文化密码和交际意图。在对话过程中，尽量采用描述性而非评价性和判断性的语言和态度，不以自己的文化价值为标准和依据去评论别人的行为，否则会产生文化偏见而导致民族中心主义。在倾听过程中，尽量不要打断对方，必要时以点头或者眼神等身体语言与对话者示意，最后让对方感到心理愉悦和满足。

社交的从容是指在跨文化交际中不显露焦虑情绪的能力。在跨文化交际中，难免会遇到各种各样的交际困境和交际压力，交际者应具有良好的心理素质，不慌乱、不焦躁，能够摆脱交际困境带来的各种焦虑症状，如流汗、颤抖以及言语不畅等，以比较泰然的心态面对各种交际难题。交际的从容也利于交际者利用以往的交际经验和生活经验，在困境中发挥潜力而急中生智，战胜交际障碍，达成交际共融。

跨文化敏觉力较强的人在与来自不同文化背景的人交流时能更快地适应陌生环境，更有自信心，更能够以客观的态度看待文化冲突，并认真专注地倾听交际对象的交际意图，从而更快速地调整自己去处理交际中出现的挫折，更从容地应对跨文化交际过程中出现的各种障碍，确保交际的顺利进行。

（二）跨文化认知能力

国内知名学者戴晓东在其论著《跨文化交际理论》中，把跨文化交际的第二个层面概括为认知过程，即跨文化意识。戴晓东认为，跨文化能力的认知过程主要涵盖自我意识和文化意识两个方面。自我意识是指交际者自我监控或对自己作为特定文化成员即文化身份的感悟，文化意识是指对影响人们如何思考与交际的文化规约的理解。所谓"跨文化意识"是指对不同民族国家之间的文化现象、文化规约和文化模式等的洞察和理解，对文化之间关系的领悟，并根据所领悟的对方文化特点来调整自己的语言和思维，以及据此产生的跨文化自觉性。跨文化意识的基础和前提是跨语言能力，而跨文化意识是跨语言能力的深度体现和非言语呈示。交际者跨文化意识的形成意味着交际者完成从单一文化认同身份到多重文化认同身份的转变，交际者站在第三文化的高处观照世界各种文化，这样才能在千变万化的文化现象和千差万别的文化语境中应对自如而立于不败之地。

跨文化交际中的认知能力主要涵盖两个方面的内容，即语言能力和文化能力。其实用另外一种表述是，言语交际能力和非言语交际能力。这是因为在跨文化交际中，运用的交际方式包括言语交际和非言语交际两种，其中言语交际正是语言能力的体现，非言语交际能力的高低则建立在交际者对双方文化背景的深刻洞察和理解上，非言语交际中的体态语、环境语、客体语以及副语言等无不包含着丰富的文化信息，交际者只有具备良好的跨文化背景知识，才能很好地处理这些非言语信息，从而进行有效的交际。另外，言语交际中的盲区和误解常常存在，这些正是不同文化背景和文化内部系统迥异所致，非言语交际恰好弥补了言语交际的这种有限性和不足，两者相辅相成，使跨文化交际得以顺利进行，最后达到双方需要的交际效能。

三、跨文化行为能力

跨文化交际能力的第三个基本要素是跨文化行为能力，即跨文化交际的灵巧性，是强调交际者进行有效交际的技巧和能力。根据戴晓东的论述，跨文化交际的灵巧性是指交际者实施交际行为、完成交际目标的能力。跨文化交际的灵巧性涉及言语和非言语信息，它包括信息的传达、自我表露、行为的灵活性、互动的管理以及社交技巧等方面。交际灵巧性是交际能力的一种体现，它反映出交际者怎样调动有限的语言知识进行交际的水平。在跨文化交际中，如果交际者能够灵活有效地运用交际技巧，就会克服语言水平和文化水平的限制，从而达到交际目的。

传递信息的技巧是指交际者根据自己掌握的语言和文化知识，运用合适的交际策略和技巧，熟练地传达交际对方可理解的信息的能力。它要求交际者不仅具有熟练的语言功底和深厚的双文化底蕴，还要求在以往的交际经验中练就良好的信息传达技巧，这样才能尽量避免产生由信息误读和文化误解而导致的交际障碍，保证交际的顺利进行。信息传递的效率与自我表露技巧的高低有着紧密的关系。自我表露就是交际者在面对交际对象时，以恰当的方式向对方坦露自我心意和自我情态。这种表露在特殊的跨文化交际场合被流露和表达出来，具有很强的导向性，而非普通好友或亲人之间的随意表露，因此要谨慎表露、恰当示意，表露方式要显得贴切自然、不做作，要考虑对方的文化背景和语言水平，否则容易引起对方交际者的漠视或反感，甚至形成对交际者不利的刻板印象。同时，自我表露和信息传达的准确与否直接影响交际的有效性。得体的自我表露和准确恰当的信息传达也体现了交际者行为的灵活性。

交际行为的灵活性体现了交际者在各种交际场合中根据交际对象和交际时间不同而随机应变应对交际事务的能力，也体现了交际者交际策略选择的准确与迅速，同时交际灵活性也是交际敏觉力在行动上的体现和延展。有学者指出，高超的交际者能够运用灵活的言语提示，敏锐地捕捉对方的身份，并且适时做出调整，较快与对话者建立起良好的互动关系。

互动的管理是指交际者在交际中对互动局面的把握和控制，即在交际过程中，交际者适当控制交际节奏、说话顺序和交谈主题，适时地启动和结束对话。具有良好互动管理能力的交际者能够调动交际场景中的各个交际对象，把握好会话结构，根据自己和其他交际者的交际需求粗略设计和转换会话主题，不轻易打断别人，并认真倾听他者，最后实现交际者的交际意图，达到交际目标。

四、跨文化交际能力培养的途径

根据我们前面对跨文化交际能力基本要素的区别和分析，可以把跨文化交际能力的培养分为三个层面。第一个层面是在接触和了解他国语言和文化时，不断加强交际者的语言功夫，丰富其文化积累，克服交际过程中易出现的两大障碍，培养交际者的文化敏感性，以提高跨文化交际敏觉力。第二个层面强调对语言和文化的深层认知，增强对他国语言以及背后的隐性文化和价值观的理解，如西方文化价值观中的个性自由和独立竞争等，这些方面的理解和感悟有助于交际者在交际中策略的选择，针对对方文化的异质性以及个人特性，做到有的放矢。第三个层面是培养交际者灵活运用所学语言、文化知识应对和处理跨文化交际中出现的各种交集情景以及突发事件等，这是跨文化交际能力培养的最高层面和最终目标。要达到这一目标，必须培养交际者学以致用的能力，培养他们根据过去对外国相关文化的认知，积极参与跨文化交际实践，锻炼他们处理文化冲突的灵活性。由此可见，从跨文化敏觉力的培养到对语言和文化的深层认知再到跨文化交际实践行为的训练，这三个层面既有一定的递进关系，又相互融会贯通、相辅相成。

（一）培养跨文化敏觉力

关于交际者跨文化敏觉力的培养，首先要做的就是克服两大障碍。因为在跨文化交际的初期总是存在一些交际障碍。其主要障碍之一是刻板印象。这些印象和看法可能是正面的，也可能是负面的。尽管大家都知道刻板印象不可取，但要做到完全避免却不容易。刻板印象忽视个体区别，一旦形成便不易改变。它僵化了交际者的头脑，使交际者不能客观地对待另一种文化，失去交际应有的敏觉力。在观察他国文化时，只注意与自己的刻板印象相符合的现象，而忽略其他更重要的差异信息。它妨碍交际者与不同文化背景的人相处，不利于顺利开展跨文化交际。因此，必须尽量克服由于刻板印象带来的负能量。对教师来说，在文化课上应尽量避免用带有刻板印象的话语，并提醒学生注意普遍文化概念下的个性差别。因为在跨文化交际中交际者首先面对的是交际个体，然后才是其背后的民族文化。不能因为对整个民族的刻板印象而影响了交际者对具体交际对象的判断和决策。跨文化交际中的障碍之二是民族中心主义，即习惯以自己民族的价值观衡量其他文化，从自己的文化角度出发，以自己的评判标准去评价对方交际者。一旦发现与自己的预期不同，就会对对方产生敌对情绪而引起文化冲突。有学者认为，所谓民族中心主义就是按照本族文化的观念和标准去理解和衡量他族文化中的一切，包括人们的行为举止、交际方式、社会习俗、管理模式以及价值观念等。

社会中的每个人都无法避开民族中心主义,尽管我们努力克服隐藏在内心深处的民族中心主义,但是我们都成长在一定的文化环境中,文化早已融化进我们的心灵,指导着我们的行动,造成人们在观察别种文化时会不自觉地以自己的是非标准为依据,对于异质文化事物常会做出有失客观的判断。

跨文化认知是指交际者对他国具有独特风格和内涵的文化要素及文化特质等方面的认识和了解,其本质就是学习与把握异国文化。文化认知过程随年龄的增长会不断变化。培养跨文化认知能力不仅包括培养交际者的跨语言交际能力,还包括培养交际者的跨文化交际能力。语言交际与文化交际是不可分割的,语言交际是文化交际的一部分,它为文化交际服务并反映着文化交际。跨语言能力和跨文化能力也是相辅相成的。跨语言能力除了包括对目的国语言的巧妙选择和熟练运用外,更重要的是对语言背后文化的解读和参悟,也就是在语言教学中渗透文化分析,培养学生逐渐深谙他国语言背后与自身语言不同的文化密码,以利于交际语言的选择和交际的顺畅。培养跨文化认知能力首先要加强交际者的语言能力,在跨文化能力培养中,要使语言学习与文化学习齐头并进,在输入语言基础知识的同时,也不忘相关文化知识的输入,从而加强学生对文化差异的熟识、理解和评判,以提高学生对文化差异的敏感性和跨文化意识。语言能力主要体现在用词、句子陈述与主题选择的适当性上。

在跨文化交际语言能力的培养上,首先应该重视的是词汇层面。词汇是语言的基石,也是很多学生学习语言的难点。每种语言的词汇中都蕴含着丰富的文化信息,是该语言中最活跃的成分,也是文化最精密的汇聚点。词汇本身的新陈代谢映射了相关文化的发展信息。因此,教师在单词讲授的过程中,穿插一些跨文化交际知识,既利于培养学生的跨文化交际意识,又让枯燥的词汇学习变得生动有趣。讲解词汇时利用相关的谚语、典故、名句等融入课堂就不失为一种有效的方法。

除了词汇学习以外,句子陈述的跨文化培养也很值得重视,在句子讲解的时候,不但要讲解此种句子的语体风格适合在什么场合下使用,还要分析这种句子适合用在什么身份的交际对象上。句子的语气也是举足轻重的,如请求语气的句子适合于与长辈说话或者请别人帮忙时,而命令语气的句子则是用在命令下属或者与孩子说话时。如果没有掌握两种句子的区别而把语气用反了，在跨文化交际中就很容易引起不必要的文化冲突。

另外，句子通顺与否、语法是否正确等也是教学中需要注意和训练学生的部分。在语法学习过程中，要注意比较外语语法与汉语语法的异同点，不要受汉语思维特点的制约，同时在学习语法结构时，要强调其文化和交际功能。比如，"Lovely day, isn't it？"只是英美国家的人发起话题的常见语句，实无疑问。"Would you please turn off the light？"不表"问"而是表"请求"。西方人提出的请求常用问句，以示礼貌，倘若长辈对晚辈或熟人之间可用祈使句。

最后，谈话中主题选择的适当性同样不容忽视，这也是对语言应用能力的一个综合性考验。在拥有了词汇层面和句子陈述等方面的跨文化交际基本能力后，交际中的谈话主题是否得当、是否符合交际双方共同的交际需求、是否能引起交际双方的共鸣、是否需要继续深入谈下去还是转换为更有价值的主题，这些都需要学习。教师应在教学中通过具体的教学情景的设置、相关教学视频的播放、适时的训练，引导和鼓励学生在跨文化对话中对谈话主题进行恰当选择和适时转换。

培养跨文化认知能力除了要培养交际者的跨语言认知能力外，还要培养其跨文化认知能力，即跨文化意识。培养跨文化意识的第一步就是要让交际者从观念上消除偏见和歧视，认识到文化没有优劣之分，以平等的心态对待各个国家的文化和人民。培养跨文化意识的第二步就是拓展交际者的跨文化知识和眼界，树立多元文化心态和宽容的文化态度。培养跨文化意识可以通过以下途径来实现：①在语言学习的听说读写译各种技能训练中提升跨文化交际综合能力。首先，通过阅读外文资料感悟外国文化。在阅读中，多了解他国的科技、地理、历史和风俗等，熟悉他们的表达方式和风格，消除因文化知识不足而导致的理解障碍。其次，在外语听力中领悟他国文化。听力材料一般都是模拟的真实对话情景，因而听力训练过程就是一个跨文化意识培养的过程。教师要让学生知道在交际中哪些话题应该避免，如年龄、婚姻、薪水以及家庭住址等私人话题。再次，在听的基础上教师要鼓励学生积极发言，主动参与到跨文化交际活动中，以提高自己在跨文化交际中的表达能力。

最后，通过写作提升外国文化知识的内化和运用。在写作中，学生要充分意识到中外文化的差异，让人体会到流畅、地道、连贯的外语文章，从根本上提升跨文化交际的综合能力。②在外语活动中体验外国文化，主动结交各国朋友。例如，参加外语角、学唱外文歌、看影视剧以及编演外语剧等活动。在这些活动中，学生身临其境地体验真实的外国文化，了解他们的风俗文化和民族禁忌。同时，教师应帮助学生分析自己的文化中哪些方面对自己有利、哪些不利，然后再分析目的语文化，分析其中哪些方面我族容易适应，哪些不易适应却易引起文化冲突，从而有意识地改变自己的行为模式，以利于跨文化交际目标的实现。③在各种旅行活动中，主动积极地营造跨文化交际的机会。总之，我们对文化差异了解越多、体验越多，越容易对他国文化采取接受和宽容的态度。同时，移情也有利于培养对文化差异的宽容性，我们一旦能从对方的角度考虑问题，就已经具有很强的跨文化意识了。

（三）培养跨文化行为能力

其实，无论对跨文化敏觉力的培养，还是对跨文化认知能力的培养，最终都是为了使交际者在跨文化交际中能够进行灵活交际，也就是跨文化行为的灵活性，这三者不是彼此截然分开的，而是互相依存的关系。跨文化敏觉力的培养包含跨文化认知能力和跨文化行为能力，而跨文化认知能力的培养中也融入了跨文化行为能力，而跨文化行为能力的培养势必以跨文化敏觉力和认知能力的培养为基础，并且是对这两种能力的一种巩固和融合。

跨文化行为能力，即跨文化行为的灵活性，是跨文化交际能力的核心要素。它首先包括交际者能够根据交际双方的文化背景和个性特点，灵活地调整自己的交际策略和行为，尽量向对方的交际规则靠近（以不违反自己交际原则为前提），减少差距，营造和谐的交际氛围。同时，灵活处理因文化差异而引起的文化冲突，在处理冲突时，交际者要善于运用恰当的语言阐述自己的文化困惑，介绍本族文化行为规范，弄清对方的文化习俗，找出冲突的解决途径，达成共识，完成交际任务。根据美国学者陈国明在《跨文化交际学》中所述，跨文化行为能力包括信息传达技巧、自我表露技巧、行为的灵活性、互动管理以及认同维护技巧等五个方面。当学生学习了跨文化行为能力的五个要素之后，教师分阶段、有层次地组织跨文化实践是培养学生跨文化交际行为能力最有效的途径。

1. 跨文化交际角色扮演

首先，角色扮演是教师在条件有限的情况下，采取的一种跨文化虚拟实践，角色扮演可以分成两人组角色扮演及多人组角色扮演。两人组角色扮演要求两人分别扮演不同文化国的两个具有一定职业身份（或者学生身份）的交际者，模拟一个实际生活或工作场景，设定基本交际流程主线，留出适度自由发挥的空间，完成一定的交际任务。多人组角色扮演除了在交际者人数上有所增加外，还可以分为两个文化国或多个文化国之间的跨文化交际。多个文化国交际背景相对复杂些，因此多人组角色扮演应该在两人组角色扮演训练到一定程度的时候开展，学生能阶段性地增强跨文化行为能力。角色扮演的目的在于让学生经由模拟的过程，面对并尝试解决跨文化交际中可能碰到的问题和障碍，通过信息传递、自我表露、互动管理以及移情等行为的训练，提高跨文化交际行为的技巧，增强跨文化行为能力。这个方法的优点在于把学生从旁观者变成参与者，使他们能够在模拟的跨文化环境里亲身体验另一种或多种跨文化交际。

2. 跨文化交际互动实践

组织本校留学生和受训中国学生进行实际的跨文化交流，布置一定的交际任务，根据交际任务需求提供交际场所，并提醒中国学生注意跨文化交际能力五个方面的技巧，通过见面、认识、交流过程，教师观察学生在交际中的困惑、问题、冲突以及解决问题时学生表现出的焦虑或灵活行为。同时，可以在学生不知晓的情况下把他们的交际行为摄录下来，在课堂上回放，有些交际失误的学生会在观看中意识到，有些需要教师给学生做出讲解，这样一个学期组织几次交际实习，每次针对不同的重点交际问题进行现场交际，学生的实际交际行为能力自然会得到提升，交际行为更加灵活，交际效能会更高。在互动过程中尽量使用描述性、支持性的讯息。描述性的讯息指使用不妄加判断的态度，给对方明确、具体的回馈，支持性的讯息指沟通时同意或支持对方的看法并以点头、注视等动作技巧奖赏对方论点的能力。互动实践的优点是来自异国的交际者比本国角色扮演者能够带来更真实完整的异国文化讯息和行为形态。

中国与世界的跨文化交际日益频繁，除了和跨文化学习者进行一定的跨文化交际实践外，教师和高校还应该多鼓励学生积极参加国际会议或跨国活动，尽可能提供学生相关方面的信息和机会，以增加学生跨文化交际实践的机会，让学生在实践中去体验和认知文化差异，进一步有效提高自身处理文化差异的灵活性。这些建议的实施必然能促成学生的跨文化交际能力和综合文化素质的实质性提升。

跨文化交际能力的形成有其阶段性、层次性，因此跨文化交际能力的培养也不是一蹴而就的，而是由表及里、由浅入深，不断发展、深化的过程。教师要针对不同层次设计不同的教学方法和侧重点。

参考文献

[1] 刘丹. 跨文化交际语境下英语翻译教学策略探究 [M]. 北京：北京工业大学出版社，2023.04.

[2] 齐真珍. 当代商务英语语言与翻译多维视角新探 [M]. 长春：吉林大学出版社，2023.01.

[3] 刘惠玲，赵山，赵翊华. 跨文化英语翻译的理论与实践应用研究 [M]. 延吉：延边大学出版社，2022.03.

[4] 赵红卫. 大学英语教学模式与跨文化翻译研究 [M]. 延吉：延边大学出版社，2022.03.

[5] 张丽坤. 跨文化交际视角下英语翻译研究与实践探索 [M]. 延吉：延边大学出版社，2022.03.

[6] 王景文. 跨文化交际与高校英语教学研究 [M]. 长春：吉林出版集团股份有限公司，2022.05.

[7] 刘剑锋，王芑人. 英语翻译的多元探索与应用研究 [J]. 现代英语，2022，（第24期）：49-52.

[8] 周保群. 文化视域浅析茶叶英语翻译技巧 [J]. 福建茶叶，2022（第12期）：171-173.

[9] 李晓丹. 英语翻译的方式与技巧研究 [J]. 海外英语，2022（第10期）：30-31，34.

[10] 张珊姗. 基于文化差异的食品英语翻译策略 [J]. 中国食品，2023（第8期）：107-109.

[11] 徐业红. 英语文化对英语翻译效果的影响 [J]. 文化创新比较研究，2022（第36期）：43-46，51.

[12] 赵岩，王思懿，杨东野. 英语语言学与翻译技巧 [M]. 北京：清华大

学出版社，2022.09.

[13] 罗飞，焦艳伟，张睿．中国文化英译教程 [M]．西安：西安交通大学出版社，2022.09.

[14] 张娥，崔艳波，刘伟伟．大学英语翻译课程教学模式创新探究 [M]．吉林出版集团股份有限公司，2022.08.

[15] 余玲．文学翻译对英语翻译教学的影响研究 [M]．北京：经济科学出版社，2022.07.

[16] 朱之红．新文科背景下的科技英语翻译研究 [M]．北京：中国纺织出版社，2022.07.

[17] 袁语馨．浅析英语翻译技巧 [J]．魅力中国，2018（第 46 期）：276.

[18] 李引．基于翻译理论英语翻译的能力培养 [J]．大众标准化，2021（第 13 期）：73-75.

[19] 杜朋．英语翻译中的文化因素 [J]．区域治理，2019（第 36 期）：247-249.

[20] 张俊青．英语翻译中的文化障碍及应对建议 [J]．文化学刊，2021（第 7 期）：110-112.

[21] 母敏．英语翻译中直译和意译的应用研究 [J]．海外文摘·学术版，2021（第 3 期）：43-44.

[22] 熊伟．英语翻译的文化策略研究 [J]．汽车世界，2019（第 9 期）：157.

[23] 王静．跨文化交际视域下大学英语教学理论与实践融合研究 [M]．北京：中国书籍出版社，2022.07.

[24] 熊磊．英语翻译的原理与实践应用研究 [M]．长春：吉林出版集团股份有限公司，2022.06.

[25] 侯莹莹．跨文化视域下英语翻译与教学研究 [M]．北京：中国纺织出版社，2022.06.

[26] 马吉德．英语语言学与翻译教学研究 [M]．长春：吉林人民出版社，2022.06.

[27] 蒋甜甜，王大利．新课改背景下商务英语翻译教学理论与实践 [M]．北京：中国国际广播出版社，2022.05.